# MONIKA HUNNIUS

## Mein Elternhaus
und
## Mein Onkel Hermann

MONIKA HUNNIUS

# Mein Elternhaus

ERINNERUNGEN

und

# Mein Onkel Hermann

ERINNERUNGEN AN DIE FAMILIE HESSE

Mit einem Geleitwort
von Hermann Hesse

Salzer Verlag GmbH Bietigheim-Bissingen

Eugen Salzer-Verlag, Heilbronn 1935, 1921
© Salzer Verlag, Bietigheim-Bissingen 2001
Alle Rechte vorbehalten
Umschlaggestaltung: Bruno Haag
nach einer Illustration von Ilse Schüle
Satz und Druck: Wilhelm Röck, Weinsberg
ISBN 3-89808-018-8

## MEINE MUTTER

Wenn ich an meine Kindheit denke, ist mir's, als hätte immer die Sonne geschienen. Jetzt glaube ich, dass es das Licht war, das aus den strahlenden Augen meiner Mutter leuchtete, voller Liebe und starker Lebensfreude, das mir die Welt und das Leben so sonnendurchstrahlt erscheinen ließ. Glücklich wir Kinder, die wir eine solche Mutter gehabt, die wie eine helle starke Flamme vor uns her ging, als schönes, nie erreichtes Vorbild, die mit Freude und Poesie und einer großen, warmen Liebe unsere Kindheit erfüllte und uns die Maße und Ziele für unser Leben gab, immer ins Große und Hohe hinauf!

Wie eine strahlende Sonne, aber auch wie ein Frühlingssturm ist meine Mutter in das Haus des einsamen älteren Mannes gekommen, der nach dem Tod seiner ersten Frau ein freudloses, ernstes Leben führte. Sie, die Leuchtende, viel Umworbene wählte unter allen gerade diesen Mann. »Er war der rechte ernste Führer für meine Seele«, sagte sie, »meine anderen Bewerber bewunderten mich zu sehr, da hätte meine Seele Schaden genommen!«

Verschiedenere Menschen als meine Eltern konnte es kaum geben. Was sie zueinander führte – das sind meiner Mutter eigene Worte – »es war Gottes Hand«. Mein Vater hat seine junge stürmische Frau oft wie ein Kind erzogen, bis sie seine ebenbürtige Gefährtin wurde. War es auch am Anfang gewiss nicht immer leicht für beide – eine tiefe, schöne Liebe ging mit ihnen und das Bewusstsein, in ihrer Ehe ein heiliges Geschenk in Händen zu haben, das sie hüten mussten.

Und auf dem Sterbebett habe ich es von den Lippen meiner Mutter gehört: »Von allen Ehen, die mir im Leben begegnet sind, war meine die glücklichste.«

Meine Mutter war eine schöne, starke Menschenseele. Alles, was klein, gewöhnlich oder niedrig war, das existierte für sie nicht. Trat es doch einmal an sie heran, so konnte es so seltsam in ihren Augen aufblitzen, voller Schrecken und Zorn. Sie war nicht groß von Wuchs, wirkte aber groß durch ihre stolze aufrechte Haltung und den sprühenden Herrscherblick. Keiner konnte sie übersehen, wenn sie unter die Menschen trat. Sie hatte starke, klassisch strenge Züge, prachtvolles dunkles Haar, das sie schlicht an den Schläfen zurückgestrichen trug, im Nacken in zwei mächtigen Zöpfen zum Knoten verschlungen. Das Schönste an ihr aber waren ihre Augen, in unbestimmter Farbe, dunkel wirkend mit strahlendem Blick. »Die Augen eines Genies«, sagten die Leute.

Wie konnten diese Augen lachen, wenn auch der Mund strenge Worte sprach, zu irgendeinem dummen Streich, den wir ausgeführt hatten, der ihr im Grunde ihres Herzens den größten Spaß bereitete. »Mutters Augen lachen«, sagten wir dann zueinander, »es ist nicht schlimm!« Dieses Lachen in den Augen, die Lebensfreude in ihrer Stimme, in ihrem klaren Gesicht, in ihren strahlenden Blicken, wer könnte das jemals vergessen, in dessen Leben es geleuchtet!

Köstlich war ihr Sinn für Humor. Sie konnte so besonders lachen, mit so viel Freude, so alles mit sich fortreißend. Stark, großzügig und stolz war sie, dabei aber – das war der tiefste Reiz dieser seltenen Natur – oft von einer weltfremden Kindlichkeit und Naivität, ja Schüchternheit.

Wo sie liebte war sie voll tiefer Demut und Hingabe, Anspruchslosigkeit und Bescheidenheit. Sie errötete noch im hohen Alter wie ein junges Mädchen. Dabei konnte sie so dahinschreiten, über die Menschen hin-

übersehend. Sie überhörte beim starken Rauschen ihres eigenen Lebensstromes manchmal das zartere Klingen in den Menschenseelen neben ihr. Aber sie wollte es nicht, denn ihr Herz war weich und für jeden Klagelaut empfänglich, wenn sie ihn hörte. Sagte man es ihr, dann war sie bekümmert und ratlos erschrocken wie ein Kind. »Es fehlte ihr an Kleingeld im Verkehr«, sagte eine geistreiche Freundin von ihr, »sie hatte nur große Münzen.«
Wenn sie sich gab, gab sie sich ganz, was sie tat, tat sie ganz. Eines ihrer Lieblingsworte in der Bibel war das Wort über König Hiskia: »Was er tat, tat er mit ganzer Seele, darum war auch Gott mit ihm.« Sie war eine Herrschernatur, die sich aber mit tiefer Demut unter ihren Mann stellte, kindlich gehorsam dem Wort der Bibel: »Er soll dein Herr sein!«
Eine geniale Natur, eine Dichter- und Künstlerseele, und sie war stolz darauf, dass sie gut zu flicken und zu kochen verstand. »Wenn man mir sagt, dass ein Gedicht von mir schön sei«, sagte sie, »oder dass ich ein Lied schön gesungen habe, so mache ich mir nichts daraus, denn das ist mir angeboren und kein Verdienst. Aber wenn mir ein Mittagessen gut gelungen ist oder wenn man mich für eine gute Flickarbeit lobt, dann bin ich stolz, denn das habe ich mir erworben, ganz gegen meine Natur.«
Sie war genialer, geistvoller und schneller als mein Vater; aber das alles stellte sie weit unter seine starke Pflichttreue, seine schlichte Wahrhaftigkeit.
Wunderbar war bei ihr die Verbindung von echter Weiblichkeit und hohem Herrschersinn. Gerade damals begannen die ersten Anfänge der Frauenbewegung, und ein Freund unseres Hauses schrieb ein Werk über die Emanzipation der Frauen und sandte es meiner Mutter zu. In seiner Widmung begrüßte er sie als eine der berufensten Vertreterinnen dieses neuen Frauentypus. Entrüstet wies sie es zurück, und die unumwundene

Kritik, die sie dem Philosophen sandte, brachte ihn vollständig aus der Fassung. Sie wollte nichts anderes sein als eine rechte Frau und Mutter.

Sie hatte es nicht immer leicht in ihrer Ehe, denn mein Vater forderte viel von seiner Frau, je mehr er aber forderte, desto fröhlicher wurde sie. »Ich bin so stolz«, sagte sie dann, »dass mein Mann mir so viel zutraut, es gibt mir so viel Kraft!« Neben der Sorge für ihr Haus, Mann und Kinder hatte sie für eine schier unbegrenzte Gastfreundschaft einzustehen, vor allem aber hatte sie meinem Vater in seiner Gemeinde zu helfen. Sie kannte alle Gemeindeglieder, und ihr Haus, ja ihre Kinder mussten zurückstehen, wenn es sich um ein Gemeindeglied handelte.

Als einmal eine große Schar Kolonisten aus Südrussland durch betrügerische Versprechungen nach Estland gelockt war, lagerten diese armen Obdachlosen in Scheunen vor den Toren der Stadt. Eine schwere, seuchenartige Krankheit war unter ihnen ausgebrochen. Alles floh sie aus Furcht vor Ansteckung, und die Kranken lagen ungepflegt und hungrig auf ihren schlechten Lagern. Meine Eltern fuhren hin, um für sie zu sorgen; halbe Tage blieb meine Mutter dort, kochte ihnen das Essen, pflegte und umsorgte sie, bis sie zusammenbrach und dann Hilfe kam und sie ablöste.

Sie dachte nie an sich, wenn es galt, Hilfe zu bringen. Bei Tag und bei Nacht war sie bereit, dem, der sie brauchte, mit Rat und Tat beizustehen. Und sie half mit begeisterter Liebe, mit unzerstörbarem Glauben an die Göttlichkeit jeder Menschenseele. Wie viele Existenzen hat sie begründen helfen, wie viele Gescheiterte mit ihrem Glauben und ihrer Liebe wieder ins Leben geführt!

Wo sie war, war das Leben. Sie hatte den genialen Blick für die Menschen, der sie lehrte, die richtigen Persönlichkeiten an die Stelle zu setzen, wo sie ihre Kräfte verwerten konnten.

In den ersten Jahren ihrer Ehe hatte sie viel zu leiden gehabt. Der Klatsch der kleinen Stadt fiel wie Sturmwind über die Ahnungslose her. Solch eine Pastorin hatte man hier noch nie gehabt, die dichtete, für Goethe und Heine schwärmte, in Konzerten sang und wilde Pferde bändigen konnte. Der böse Leumund gab noch allerlei dazu; so erzählte man, sie habe, während Vater predigend auf der Kanzel stand, im Kirchenhof ein wildes Pferd eingeritten und mit Pistolen geschossen. Aber nach und nach verstummten diese unsinnigen Gerüchte.

Wer ihre liebevolle Hand, ihr energisches, hilfsbereites Eingreifen in seinem Leben verspürt hatte, liebte sie. Und da sie ihr Hauswesen tadellos führte, das schönste Brot zu backen verstand, gut kochte, vergab man ihr auch ihr Singen, Dichten, Goethe und Heine. Mein Vater neckte sie oft, dass sie immer etwas gründen musste. Es fehlte ihr dann aber wohl die Konsequenz, diese Gründungen weiter fortzuführen. Diesen Mangel sah sie in ihrer Großartigkeit selbst ein, zog sich dann zurück und ließ andere an ihre Stelle treten. So entstanden eine Armenschule, ein Arbeits- und ein Gesangverein. Alle diese Gründungen trugen Lebenswert in sich, darum gediehen sie.

Sie erzog uns ohne viel Grübelei. Sie war eine aufmerksame Mutter, aber sehr eingehend behandelte sie uns nicht. »Kinder müssen wahr, gehorsam und sauber sein«, sagte sie. Zeigten sich Kleinlichkeiten bei uns, so fühlten wir, dass sie das verachtete. »O pfui, das ist ja kleinlich!« Nichts wirkte so beschämend, so strafend wie dieses Wort.

Einzelne ihrer Aussprüche aus meinen Kinderjahren sind mit mir durch mein ganzes Leben gegangen, zum Beispiel: »Je trauriger man ist, desto liebevoller soll man gegen seine Umgebung sein.«

In meinem Großelternhaus herrschte eine große Hinneigung zu den Herrnhutern, und von dorther hatte sie viele alte Sitten mitgebracht, die die Festzeiten verschönten. Vor allem gehörte dazu der bunte Adventsstern, unter dessen Strahlen wir jeden Abend in der Adventszeit Weihnachtslieder sangen.

Das Singen spielte eine große Rolle in unserem Leben. Alle unsere Spiele, unsere Feste, unsere Arbeit, unsere Freuden und Leiden wurden durch Gesang erhöht und vertieft. Mein Vater behauptete, meine Mutter habe uns Kindern erst das Singen und dann das Sprechen beigebracht. Mutters Flügel war ein täglicher Sammelplatz für uns. Da standen wir um sie geschart, die zu unseren zarten zweistimmigen Gesängen mit ihrer dunklen Altstimme die dritte Stimme sang.

Eine wunderschöne Erinnerung ist mir ihr Singen. Abends, wenn ihr Tagewerk getan war und wir in unserem Bettchen lagen, dann saß unsere Mutter am Flügel, und wie eine Glocke klang ihre Stimme durch die Räume. »Mutters Stimme klingt wie Vaters Glocken«, sagten wir dann. Sie sang nur Wertvolles, Schönes, mit besonderer Liebe Schubert und Händel.

Diese Musik drang damals tief in mein Herz hinein, wurde mir vertraut und lieb wie ein Stück meines eigenen Lebens. Ein Vormittag im Frühling ist mir in besonders lebhafter Erinnerung, als Mutter uns mit jubelnder Stimme an ihr Fenster rief, wo Schwalben ein Nest zu bauen anfingen. Mit verhaltenem Atem standen wir an das Fenster gedrängt, unermüdlich ihrer Arbeit zuschauend, und bis ins Herz hinein drang uns das Schwalbengezwitscher, wenn sie auf ihrem Nestrand sitzend sangen. Unsere Mutter erzählte uns dann von fremden Ländern, aus denen die Schwalben kamen, wo es nie Winter wurde und wohin sie wieder zurükkkehren mussten, wenn bei uns der Schnee fiel.

»Aber Mutter, wie können sie dann den Weg finden?« fragten wir. Und sie erzählte uns von den Engeln, die den Schwalben den Weg wiesen, sodass kein Vogel verloren ging ohne Gottes Willen.

Meine Mutter war nie über die Grenzen unseres Heimatlandes gekommen. Aber sie hatte eine Dichterseele, wovon sie redete, das lebte vor unseren Augen und schlug wie Flammen in unseren kleinen Seelen. Sie erzählte köstlich, nicht nur von Engeln und fremden Völkern, sie erzählte auch von ihrem Elternhaus, das fern in der alten Dünastadt stand, an einer schmalen Straße, mit großem Hof und Garten und einer breiten Steintreppe, die mit blanken Messingkugeln geschmückt war. Sie erzählte, wie es war, wenn der Schnee schmolz und die Düna über ihre Ufer stieg und Hof und Garten überschwemmte. Sie erzählte vom alten Garten, wie er im weißen Blütenschmuck seiner Obstbäume im Frühling prangte, vom Birnbaum, der zu ihrer Geburt gepflanzt wurde und jetzt mit seinem Blätterdach die ganze Veranda überschattete. Sie erzählte von ihren lustigen Freunden und Freundinnen, von dem köstlichen Zusammenleben mit ihnen, das endete, als mein Vater kam und sie in sein Pastorat holte.

Dieses Ende machte mich ganz mitleidig. Mutter tat mir so Leid, dass sie dies alles hatte verlassen müssen.

»Mutterchen«, sagte ich einmal, »warum hast du eigentlich geheiratet, du hast doch früher ein viel schöneres Leben gehabt?«

Mutter lachte ihr besonderes Lachen, so aus tiefster Brust heraus mit strahlenden Augen.

»Ich hatte deinen Vater lieb«, sagte sie einfach.

»Lieber als deine Eltern, deine Freundinnen, deinen Garten mit den Blütenbäumen?«

»Ja, viel, viel lieber!«

»Aber du kanntest ihn ja gar nicht so lange wie die andern?«

»Ja, das kannst du nicht begreifen, dazu bist du zu klein und zu dumm«, war ihre Antwort.

In unser sonniges Leben brach plötzlich eine schwere Erkrankung meines Vaters. Dunkel und lastend fielen die Zeiten in die sorglosen Tage unseres Kinderlebens. Meine Mutter pflegte ihn ganz allein, denn keiner fremden Hand hätte sie dieses kostbare Leben anvertraut. Wohl trat zeitweise eine scheinbare Besserung ein, doch war das nur vorübergehend! Unter schweren Leiden ging er im Frühling heim. Meiner Mutter Haar ergraute in der Pflege, und die strahlende Lebensfreude verschwand für lange Zeit aus ihren Augen und aus ihrer Stimme. Noch ein Jahr blieben wir in unserem Pastorat, dann verließen wir es und siedelten in die Vaterstadt meiner Mutter, nach Riga, über.

Nun lernten wir das Haus kennen, in dem sie geboren war. Wir sahen den Birnbaum, der zu ihrer Geburt gepflanzt wurde und der nun fast bis an den Giebel des Hauses reichte. Wir konnten in dem Hof und Garten spielen, wo meine Mutter als Kind gespielt hatte. Aber die alte Heimat war es für sie nicht mehr. Wohl lebte mein Großvater noch, aber die Stadt war verändert. Sie war auf dem Wege, eine Großstadt zu werden, und die fröhlichen Freunde und Freundinnen waren in die weite Welt zerstreut. Wir bewohnten eine ganz kleine Wohnung von vier Zimmern, eine Treppe hoch im Hause meines Großvaters, und lebten dort in den denkbar bescheidensten Verhältnissen. So klein ich damals war, fühlte ich doch, dass meine Mutter wie ein gefangener Adler war. Und ich weinte mich oft abends in den Schlaf, aus einem dunklen Mitleid heraus. Sie sang gar nicht mehr, und wenn wir abends in unseren Betten lagen, dann horchten wir manchmal, ob ihre schöne Glockenstimme ertönen würde. Aber alles blieb still.

Das Klagen war nicht ihre Sache; aber was ich früher nie gesehen hatte, ich sah sie oft weinend an ihrer Arbeit. Dann weinten wir wohl jammervoll mit, mein Schwesterchen und ich. Wir wollten so gerne unsere freudig lebende Mutter wiederhaben. Fast unbewusst fühlten wir es, dass nun nicht mehr die Freude unser Leben regierte, sondern die Pflicht. Sie erzog uns im

Großen und im Kleinen nach dem Gesichtspunkt: »Wie hätte es Vater gewünscht?«
Aber lange konnte diese Persönlichkeit nicht so in der Stille, in diesem engen Kreise Genüge finden. Und sie griff wieder ins Leben um sie her und half, wo sie Not sah. Es war eine schwerer Scharlach bei meinen Verwandten ausgebrochen. Mein Großvater, der Arzt war, kam von ihnen heim. »Es wird schlimm«, sagte er, »vier Kinder liegen schon, und sie können nicht allein mit der Pflege fertig werden. Wer von euch hilft?«
Meine Tanten, die bei ihm im Haus lebten, weigerten sich. »Ich habe kleine Kinder«, sagte die eine.
Da stand meine Mutter auf. »Ich übernehme die Nachtwache.« Und dabei brach wieder etwas von ihrer alten strahlenden Leuchtkraft aus ihren Blicken. Im freudigen Glauben, dass Gott ihre Kinder bewahren würde, ging sie zur Pflege Nacht für Nacht. Und keines von uns erkrankte. Tagsüber versorgte sie ihren kleinen Haushalt, aber in der Nacht ließ sie uns allein und lehrte uns, dass Opfer bringen nur etwas Schönes sei, wenn man sie freudig brächte. Und wir wagten nicht zu weinen, wenn wir abends allein blieben.
Ich hörte später, dass mancher in dieser Zeit um sie geworben. Es wurden ihr glänzende Lebensmöglichkeiten geboten, aber sie wies alle ab. Sie wählte ihre Armut und ihre Einsamkeit, sie konnte nicht anders.
Ich glaube, dass sie schwer unter unserer Armut litt; beim Helfen und Fördern, im Geben und in der Gastfreundschaft waren ihr die Flügel gebunden. Aber trotzdem machte sie es auch in unseren winzigen Räumen möglich, Menschen bei sich aufzunehmen. Immer wieder war jemand da, dem irgendwo ein fliegendes Lager aufgeschlagen wurde und mit dem wir dankbar unser bescheidenes Leben teilten. Doch so bescheiden unser Leben auch war, in die besten Schulen kamen wir, und zu Weihnachten und zu unseren Geburtstagen lag immer ein gutes Buch auf unserem Tisch. Auch ein

schönes Konzert hörten wir dazwischen, wenn auch auf den billigsten Galerieplätzen.

Fast puritanisch einfach kleidete sie sich und uns. Aber wenn sie in ihrem gefärbten Seidenkleid zu einem Fest ging, einen schwarzen Schleier über dem weißen, dichten Haar, der an der Seite mit einer weißen Rose geschmückt war, so sah sie aus wie eine Königin, und wir sagten zueinander: »Mutter wird die Schönste auf dem Fest sein!«

Meine Schwester, die ausgesprochenen Schönheitssinn besaß, bäumte sich manchmal gegen dieses Puritanertum auf und sprach den Wunsch nach einem hübschen Kleid aus. Da aber war meine Mutter erstaunt und entrüstet. »Dein Kleid ist heil und rein, mehr brauchst du nicht«, sagte sie. »Was man an unnützen Kleidern spart, dafür kauft man sich lieber ein gutes Buch, besucht ein schönes Konzert oder gibt das Geld den Armen.«

Die Jahre gingen. Wenn auch der Schmerz in meiner Mutter Herz still wurde und die freudige Lebenskraft wieder die Oberhand gewann, so war sie doch verändert, seit die ruhige starke Hand ihres Mannes sie nicht mehr führte. Das Herrschertum ihres Wesens trat stärker hervor; sie vertrug keinen Widerspruch und wurde oft sehr heftig. In ihrer großzügigen, wahrhaften Art aber sagte sie dann manchmal: »Ach, Kinder, ich nehme so überhand, weil ich niemand habe, der mich niederhält!«

Unser Leben war schön und reich, trotz unserer Armut, denn es war aufs Geistige gerichtet, und in unseren Herzen sprangen viele Quellen der Freude. Die großartige Anspruchslosigkeit meiner Mutter, die sich in alles Äußere finden konnte, wenn sie nur ihre eigene geistige Atmosphäre hatte, war uns ein leuchtendes Beispiel.

Mein Bruder war unterdes auf die Universität gegangen, meine Schwester und ich waren erwachsen. Sie ließ uns viel Freiheit. »Ich habe meine Töchter so erzogen, dass ich ihnen vertrauen kann«, sagte sie, »es wäre ein schlimmes Zeichen für meine Erziehung, wenn ich mich nicht auf sie verlassen könnte.«

Namentlich unser Verkehr mit dem andern Geschlecht war fast amerikanisch frei. In den Ferien, die wir nie in der Stadt verbrachten, zogen wir oft auf halbe Tage mit Vesperbrot und Büchern mit unseren Vettern und Freunden in die Wälder, mit ihnen lesend, diskutierend und ihre Interessen teilend. Nie ist etwas geschehen, das Mutter bedauern ließ, uns die Freiheit gestattet zu haben. »Nichts kommt dem Einfluss gleich«, sagte sie, »den der Verkehr von jungen Männern und jungen Mädchen aufeinander ausübt. Ihr könnt sie lehren, die Frauen ehren, und durch männliche Interessen werdet ihr davor bewahrt, Frauenzimmer zu werden, denn ihr sollt Menschen sein.« Von der Liebe sprach sie nur mit heiliger Ehrfurcht: »Zersplittert euch nicht mit Liebeleien, dem so genannten ›Verlieben‹. Man verausgabt sich im Kleinen und Wertlosen, und wenn Gott einem dann die große wirkliche Lebensliebe schickt, hat man keine Kraft mehr für sie übrig.« Die Ehe zeigte sie uns im höchsten Lichte, als gottgewollte Vollendung zweier Menschenleben.

Vielleicht war nicht alles, was sie uns lehrte, praktisch für die Erde. Aber sie lebte es uns alles vor, und ich möchte es nicht anders gehabt haben, denn sie lehrte uns, unser Leben im höheren Lichte leben. Sie diskutierte mit uns über künstlerische und geistige Fragen. War sie auch mit ihrer starken Persönlichkeit oft gewalttätig, entrüstete sie sich darüber, dass wir lieber Heine und Eichendorff als Goethe lasen, so nahm sie uns doch immer für ebenbürtig und ließ uns unsere Meinung frei aussprechen.

Es war ein angeregtes, geselliges Leben in unserem Hause, bei bescheidenster Bewirtung. Namentlich in den Weihnachts- und Osterferien ging es hoch her bei uns, wenn die Studenten von der Universität kamen. Es wurde gedichtet, gelesen und musiziert. Wir hatten ein Hausquartett, und oft klang es und sang es bei uns, bis tief in die Nacht hinein, und Witz und Geist sprühten Funken. »Den bürgerlichen Hof von Ferrara« nannten Freunde im Scherz unser Haus. Mutter teilte nicht nur unsere Interessen, sondern auch unseren übermütigen Verkehr mit Vettern und Freunden und war immer bereit, uns bei unseren Streichen zu helfen. Leider verriet sie uns oft durch das strahlende Lachen ihrer Augen, das sie nie verbergen konnte.

Da ich allmählich durch meine Arbeit – ich hatte mich zur Gesangslehrerin ausbilden lassen – ihr Leben sorgenfrei gestalten konnte, fand sie Zeit und Muße, ihre Kräfte in den Dienst der Armen zu stellen. Die Stadtverwaltung hatte schon oft um sie geworben, um ihre Arbeitskraft für soziale Zwecke zu benutzen. Und sie stellte allmählich ihre ganze Kraft und Zeit in den Dienst der Stadtarmen, denn für die Not leidende Menschheit trug sie eine brennende Liebe im Herzen. Sie richtete Waisen- und Armenhäuser ein und brachte deren Betrieb in Gang. Allmählich aber konzentrierte sie ihre ganze Kraft und Zeit auf zwei Tätigkeiten in der sozialen Arbeit: auf Führung einer Schule für arme Judenmädchen und auf die Pflege der städtischen Findelkinder. Die Judenschule richtete sie zuerst auf Bitten der Judenmission ein, die sich bald aus Mangel an Mitteln zurückziehen musste. Aber meine Mutter konnte sich nicht entschließen, die segensreiche Arbeit an diesen Ärmsten aufzugeben. Mit dem ganzen freudigen Mut und Glauben ihrer Natur führte sie die Schule weiter auf eigene Verantwortung. Treueste Anhänglichkeit dieser Kinder, die sie nur »unsere Pastorin« nannten, lohnte ihre Mühe. Weit übers Grab hinaus habe ich noch ernten dürfen, was sie da gesät hatte.

In ihrer Ansschauung über die Pflege der Findelkinder ging sie ganz ihre eigenen Wege. Sie war gegen die

Errichtung eines Findelhauses, darum kämpfte sie mit der Stadtverwaltung, und nach monatelangem hartem Kampf siegte sie. Sie war der Überzeugung, dass die Massenbehandlung in den Findelhäusern der Tod vieler Säuglinge wäre. »So kleine Kinder müssen Mutterliebe haben«, sagte sie. Und sie erließ einen Aufruf an die Frauen einfacherer Stände, Stadtkinder in Pension zu nehmen. Als Pensionspreis wurde eine verhältnismäßig sehr kleine Summe festgesetzt, damit immer ein Stück Idealismus bei der Aufnahme der Kinder mitspräche und sie nicht aus gar zu selbstsüchtigen Gründen in Pension genommen würden.

Ein weiterer Kreis wurde gebildet, der die Pflegemütter unter Kontrolle nahm und der unter meiner Mutter direkter Leitung stand. Sie verstand großartig, mit den einfachen Frauen umzugehen, ja sie sprach sogar falsches Deutsch, um ihnen näher zu kommen. Sie versammelte sie öfter um sich, schrieb populäre kleine Aufsätze über Krankenpflege und Kindererziehung, die sie ihnen vorlas. Bei Tage, und zu meiner Verzweiflung sogar bei Nacht, war sie bereit, für ein Findelkind da zu sein, und sie konnte bitterlich weinen, wenn eines gestorben war.

Immer hatte sie etwas zu erzählen, wenn sie von ihren »Findlingsfahrten« heimkam. Einmal hatte sie einen wilden Kampf mit einer Pflegemutter bestanden, die mit geschwungenem Beil auf sie zugesprungen war. Sie war stark und kannte keine Furcht. Sie hatte mit der Rasenden gekämpft und ihr das Beil entwunden, das sie tief unter einen Schrank schleuderte, wo die Frau es nicht mehr erreichen konnte. Ein andermal war sie in einen schweren Prozess verwickelt worden, den sie verlor, weil mehrere falsche Zeugen aufgetreten waren, die einen Meineid geschworen hatten. Sie war verzweifelt, nicht um den verlorenen Prozess, sie trauerte nur tief um die, die »für einen Rubel und einen Schnaps« ihre Seele verdarben.

Bösartige Findelkinder, mit denen die Pflegeeltern nicht zurechtkommen konnten, züchtigte sie mit eigener Hand in unserer Wohnung, und das Geschrei der Gestraften erfüllte manchmal unsere Räume. Von »Frau Pastorins« Hand gezüchtigt zu werden, galt in den Augen der Pflegeeltern als größte Ehre.

Meine Mutter hatte eine schier unverwüstliche Körperkraft. Wenn sie von ihren Armenfahrten, die sie in die fernsten Bezirke der Stadt führten und die oft bei schlechtem Wetter gemacht werden mussten, zurükkkehrte, so genügte eine Stunde Ruhe und die Lektüre von Goethe vollkommen, um sie wieder frisch und arbeitsfroh zu machen. »Goethe ist meine Kraftquelle«, sagte sie dann.

Staunend stehe ich jetzt in Erinnerung vor der Kraft und Liebe in dieser Seele, die mir damals so selbstverständlich erschien.

Es traten merkwürdige Lebensschicksale an sie heran. So stand an einem Weihnachtsabend eine eigentümliche Persönlichkeit vor unserer Tür und bat um Hilfe. Es war ein gebildeter Mann aus unseren Kreisen, der zerlumpt und verkommen vor ihr stand. Er erzählte seine ganze traurige Lebensgeschichte. Es war ein, durch eigene Schuld, tragisch gewordenes Leben, das reich und schön begonnen hatte und nun so ausging. Er war leichtsinnig gewesen und hatte sich zuletzt eine betrügerische Handlung zu Schulden kommen lassen, hatte seine Ehre verloren und war Vagabund geworden. »Ich will mich ändern«, sagte er, »aber keiner vertraut mir mehr.«

Da sprang etwas in der Seele meiner Mutter auf. Sie fasste seine Hand und sagte mit der ganzen freudigen Liebe, die ihr Wesen kennzeichnete: »Ich will Ihnen glauben, ich will Ihnen vertrauen, Sie sollen nicht zugrunde gehen!« Sie führte den Mann, dem es wie einem Träumenden war, ins Weihnachtszimmer. Sie nahm den Zerlumpten, Verkommenen an den Mit-

tagstisch, der eben bereit stand, nach dem Wort aus der Bibel: »Die im Elend sind, führe in dein Haus!«
Ich sehe noch den Mann mit dem Verbrechergesicht, dem seine Sünden und Schanden auf der Stirn geschrieben standen, unter uns sitzen, stumm, mit staunenden Augen. Meine Mutter nahm ihn bald ganz ins Haus, er wurde wie ein Glied der Familie gehalten.
Die Aufregung unter unseren Freunden und Bekannten war groß. »Habt ihr auch eure silbernen Löffel gezählt?« fragte der eine. »Nun, ihr werdet noch was erleben«, sagte der andere, »der zündet euch wohl das Haus überm Kopf an.«
»Wenn Petrus Ihre Mutter nicht ins Himmelreich lassen will«, sagte mir ein Freund, »dann soll sie ihn nur an diesen Mann erinnnern und was sie an ihm getan; Petrus tut die Himmelstore weit auf, für diese Tat allein.«
Es war eine schöne Zeit für uns alle. Wir fühlten, wie diese verlorene Seele sich wieder langsam in ein reines Leben zurücktastete. Von allen Seiten kamen Gaben für ihn ins Haus; alles, was er brauchte, sogar eine größere Geldsumme, war bald zusammen. Doch war es unmöglich, ihm in unserer Heimat eine Arbeitsmöglichkeit zu verschaffen. Sein Ruf war zu schlimm, keiner wollte es mit ihm versuchen. Da setzte meine Mutter sich mit einem Vetter in Südrussland in Verbindung, der den Mut hatte, sich seiner anzunehmen.
Der Tag der Abreise kam heran. Mit einem Koffer voll guter Sachen, mit dem Reisegeld und einer kleinen Summe für den Anfang versehen, sollte er reisen. Er stand vor meiner Mutter, um Abschied zu nehmen. Plötzlich, wie vom Blitz getroffen, sank er in die Knie vor ihr und verbarg laut schluchzend sein Gesicht in den Händen. »Lassen Sie mich nicht fort von Ihnen!« schrie er in Todesangst, »ich kann nur gut sein in Ihrer Nähe. Ich werde schlecht werden, Sie werden sehen, ich bin zu schwach ohne Sie.«

Das Strahlende, das ich so an meiner Mutter liebte, lag über ihr, als sie ihn aufhob und ihren festen Glauben an Gottes Hilfe auch für seine schwache und verdorbene Seele aussprach.

Er hatte sich recht erkannt; er konnte sich nicht halten. Zuerst ging es eine Weile gut mit ihm, dann sank er wieder von Stufe zu Stufe, aber er versank nicht. Immer wieder riss er sich empor, immer wieder tauchte er aus dem Schlamm seiner Sünden auf und endete als Mann in geachteter Stellung. Auf seinem Sterbebett hat er es bekannt, er habe sich nie von der Erinnerung an meine Mutter lösen können. Ihr starker Glaube an das Gute in seiner Seele hat ihm in den Dunkelheiten seiner Sünden keine Ruhe gelassen.

Ein überwältigend schönes Erlebnis trat in meiner Mutter Leben, eine Reise nach Rom, die ihr römische Freunde schenkten. Da gehörte sie hin, und wie eine Träumende war sie zuerst durch die Herrlichkeiten dieser Welt gegangen. Dann war es, als wenn ihre Seele zu ungeahnter Kraft erwachte, ihre Flügel ausbreitete und flog wie nie in ihrem Leben! Sie war nicht mehr auf dieser Erde. So berichteten ihre Freunde, als ich nach Jahren selbst nach Rom kam.

Malerei und Bildhauerkunst waren ihr vollständig fremd. Sie stand in dieser neuen Welt fast überwältigt da. Als sie den ersten Michelangelo sah, schlug es wie Flammen in ihre Seele. »Wer ist das?« fragte sie, »den muss ich lieben.« Das Jüngste Gericht und der Moses blieben ihr das Größte, was sie je in ihrem Leben geschaut.

Sie riss in diesen Wochen ihre ganze Umgebung mit sich fort. Aber als sie heimkam, brach sie zusammen an einer schweren Nervenerschütterung. Wochenlang lag sie im verdunkelten Zimmer. Sie durfte niemand sehen, bis sie sich wieder erholte. »Kinder, ich schäme mich«, sagte sie dann, »dass ich mich so von der Schönheit der Erde und des Menschengeistes überwältigen ließ.«

Plötzlich fing sie an zu kränkeln. Schwere Krankheit in der Familie hatte sie zerbrochen. Sie klagte oft über Müdigkeit und dass sie nicht mehr könne. Aber in der Grausamkeit der Jugend achteten wir nicht darauf, denn wir waren immer gewohnt, unsere Mutter stark zu sehen. Auch die Ansprüche von außen hörten nicht auf, denn sie war Ratgeberin und Helferin in allen Nöten bei Freunden und Bekannten. »Eure Mutter wird es schon machen«, hieß es immer. Und – sie machte es. Allmählich aber stellte sich ein schweres Nervenleiden in einem Arm ein, periodisch kamen furchtbare Schmerzen, die sie die Nächte ruhelos im Haus umhertrieben, denn sie verstand nicht zu leiden. Dazwischen schien alles wieder gut, und sie war die Alte. Kuren, die sie gebraucht hatte, halfen vorübergehend. Aber irgendetwas war doch zerbrochen in dieser starken Seele. Sie klagte und weinte viel, und manches schien ihr unüberwindlich, worüber sie früher gelacht hatte. Sie wollte gerne alle ihre Ämter niederlegen, aber die Stadtverwaltung erklärte, sie wäre unersetzlich. Sie hatte es eben nie verstanden, sich eine Nachfolgerin zu erziehen. So schleppte sie die Arbeit noch eine Weile hin, aber die furchtbaren Schmerzen, die sich bald in beiden Armen einstellten, machten allem ein Ende. Unter höchsten Auszeichnungen und Ehrungen erhielt sie ihren Abschied. Sie hatte nie einen Pfennig für ihre Arbeit beansprucht.

Ein Gespräch, das ich mit unserem Hausarzt hatte, riss mir plötzlich die Binde von den Augen. Er erklärte mir in kurzen Worten, dass ein unheilbares Leiden sich bei meiner Mutter vorbereitete. »Sie hat sich verbraucht«, sagte er, »aus diesem einen Leben hätte sie drei machen können.« Völlige Lähmung mit endlosen Qualen stünden ihr bevor, und enden würde sie in geistiger Umnachtung. So lautete die Diagnose, die sich, zum Teil wenigstens, später als falsch erwies. Meine Mutter behielt ihren klaren lebensvollen Geist bis zur letzten

Stunde. Mich aber traf das Urteil des Arztes damals fast zum Tode.

Als ich nach stundenlangem Umherirren im Dunkel heimkam, fiel meiner Mutter mein verstörtes Aussehen auf. Und sie rang mir Wort für Wort den Ausspruch des Arztes ab. Nur das Letzte, Fürchterlichste, sagte ich ihr nicht.

»Sieh mir in die Augen«, bat sie ernst, »und sag mir die Wahrheit. Werde ich geistig zugrunde gehen?«

Ich sah ihr in die Augen und sagte: »Nein!«

Da wurde sie ganz ruhig. »Das andere will ich alles leiden«, sagte sie.

Zeiten voll unermesslicher Leiden kamen, von denen man nicht reden kann. Genug, dass sie gelitten werden mussten. Stück für Stück wurde ihr starker Wille zerbrochen. Ihre Selbständigkeit wurde ihr genommen, sie wollte sich nicht ergeben. Sie kämpfte um alles und ergab sich nur Schritt für Schritt. Bald versagten auch ihre Füße den Dienst, und sie wurde völlig gelähmt. So lag sie da, unfähig, ein Glied zu rühren, unfähig, ihre Tränen zu trocknen, ganz abhängig, hilflos, wie ein kleines Kind. Aber für uns blieb sie, was sie uns immer gewesen, der geistige Mittelpunkt unseres Hauses, um den sich unser ganzes Leben schloss. Und von ihrem Krankenlager strahlte ein starkes, geistiges Leben, das das ganze Haus nach wie vor erfüllte.

Aber es kamen auch Zeiten voller Dunkelheit, so voller Verzweiflung und Auflehnen gegen ihr furchtbares Los, dass kein Lichtstrahl sie erhellen konnte. Ihr Wille war stark, und sie kämpfte bis aufs Blut, bis sie sich endlich in ihr Leiden ergab.

Nie vergesse ich einen Morgen, als ich nach qualvoller Nacht mich über sie beugte und sie ihre wunderbaren Augen zu mir aufschlug und sagte: »Nun will ich nur noch, was Gott will.«

Ihr Leiden machte sie namenlos einsam. Es war so groß, dass es uns oft wie ein Abgrund von ihr trennte, über dem wir mit all unserer Liebe nicht hinüberkonnten. Ich habe oft denken müssen: »Wer es mit seinem Christentum ernst nimmt, den nimmt Gott auch ernst.« Hatte sie sich auch ihr Leben lang an Gott gehalten, jetzt erst lernte sie das Schwerste, ihm ganz gehorsam sein, nichts wollen, als was Gott wollte. Und sie wurde demütig und still, bescheiden wie ein Kind. Niemals erschien sie mir aber so groß und so stark wie da, wo sie klein und zerbrochen war.

Aber es gab auch Stunden der Fröhlichkeit um sie, sie liebte es, dass man heiter um sie war. Manchmal sagte sie mir: »Wenn ich nur dein Lachen um mich höre, ist mir mein Leiden leichter zu tragen. Erzähl mir doch etwas Fröhliches, dann vergesse ich meine Schmerzen!« Freunde, die uns besuchten, sprachen es aus, sie wären froh aus unserem Hause voll Leiden gegangen.

Ihr Sinn für Humor verließ sie nie ganz.

An meiner künstlerischen Arbeit, an meinen Gesangsstunden nahm sie lebhaften Anteil. Abends ließ sie oft die Tür ihres Krankenzimmers weit aufstehen und hörte auf mein Singen.

Jahre voll Qualen, voll Mit-ihr-Leiden, voll hoher Freuden und tiefer Erkenntnisse, wer kann über sie reden! Ein Leben reicht nicht aus, zu erschöpfen, was sie einem gebracht haben!

Als nun endlich die Stunde gekommen war, da dies starke Herz stillstand, war mir's zuerst, als ob auch mein Herz stillstünde, weil seine Aufgabe erfüllt war. Es dauerte lange, bis ich begriff, dass nun erst recht die Aufgabe begann: ein Leben zu leben, wie unsere große Mutter es uns durch ihr Leben, Leiden und Sterben gelehrt.

Es war ein strahlender Sonntagmorgen, draußen eisige Winterkälte, funkelnder Schnee, als sie nicht mehr erwachte. In wunderbarer Schönheit lag sie da, mit dem Gesicht voll Frieden und unsäglicher Trauer. Und ich saß bei ihr, Stunde um Stunde, Tag und Nacht. Und ich sah in ihr schönes totes Gesicht, das mir durch mein ganzes Leben geleuchtet. Und dieses Leben zog an mir vorüber, Jahr für Jahr, von meinen frühesten Kindertagen an, und ich wusste, dass mein ganzes weiteres Leben bis zu meiner Todesstunde ein Dank sein musste für das, was ich durch sie gehabt.

Es war ein großes Ehrengeleit, das ihrem Sarg folgte. Dicht hinterher ging ein merkwürdiges Gefolge. Es waren arme Judenfrauen und -mädchen und -kinder, all die früheren Schüler der Judenschule. Sie wollten ihrer »Frau Pastorin« die letzte Ehre erweisen. Und mit ihnen zogen viele arme Verlassene, Menschen, deren Existenz sie geschaffen. So groß war die Beteiligung, als wäre sie nicht schon sechs Jahre aus dem öffentlichen Leben geschieden. So stark hatte sie gelebt von ihrem Krankenbett aus. Der Text ihrer Grabrede war: »Fürchte dich nicht, ich habe dich erlöst, ich habe dich bei deinem Namen gerufen, du bist mein!«

Lange dauerte es, bis ich mein Leben leben lernte ohne sie. Auf ihrem Sterbebett hinterließ sie mir ein Wort, das sie durch ihr ganzes Leben geleitet hatte. »Hilf, wo du kannst«, sagte sie, »dann wird dein Leben reich gesegnet sein wie das meine.«


## MEIN ELTERNHAUS

Wenn wir an unsere Kinderzeit denken, wird es wohl den meisten von uns scheinen, als wäre diese Zeit von besonderem Licht umstrahlt, als hätte die Sonne damals heller geschienen, als hätten die Blumen reicher geblüht und als wäre das Leben sorgloser und weniger belastend gewesen als später. So geht es auch mir. Aber es ist nicht nur die Sorglosigkeit eines liebevoll behüteten Kinderlebens, was mir im Zurückschauen diese

Jahre so licht erscheinen lässt, es war auch das Leben damals in den Ostseeprovinzen auf breiter Basis und sorglosem Behagen aufgebaut. Man hatte sein gutes Auskommen, arbeitete nicht zu viel und hatte immer noch Zeit für fröhliche Geselligkeit, für Pflege von Kunst und Literatur. Die weit im Lande verzweigten Familien hielten fest zusammen, Freundschaften wurden durch Generationen gepflegt, in den Ferien waren alle Gutshäuser und Pastorate für Gäste weit geöffnet. Das Leben hatte eine Leichtigkeit und Freudigkeit, die mehr oder weniger allen unseren Häusern ein besonderes Gepräge gab.

Die Zeit ist längst vorüber, die Städte sind verarmt, die schönen Güter und Pastorate, in denen im Sommer so viel fröhliches Leben herrschte, sind zum Teil zerstört oder ihren früheren Besitzern genommen. Die Familien, die so fest aneinander hielten, sind durch die Welt verstreut; Einzelne versuchen noch, sich auf einem kleineren Teil ihres früheren Besitzes ihr bescheidenes Leben wieder neu aufzubauen, aber es ist ein hartes Ringen um das tägliche Brot. Wenn wir auch nach Baltenart, die treu an der Scholle der Heimat hängt, es immer wieder versuchen, um jeden Fußbreit Heimaterde zu kämpfen, so ist es doch mit dem großzügigen Leben der früheren Jahre für immer vorbei.

Es scheint mir eine schöne Aufgabe, von den alten Zeiten, die so stark und hell in meinem Herzen leben, zu erzählen, von den Menschen zu sagen, die so, wie sie waren, sich nur in unserer Heimat entwickeln konnten, ein Leben zu schildern, das mitten in fremdländischer Umgebung sich seine deutsche Art erhalten hatte. Es gab starke und ausgesprochene Persönlichkeiten damals im Baltenland, und die kleinen Städte hatten alle ihre Originale, denn das breite Leben gestattete dem Einzelnen viel Freiheit der Entwicklung. Es war eine große Kraft in den Menschen der damaligen Zeit, eine Kraft, die der schlichten Frömmigkeit, die als Tradition in unseren Häusern lebendig war und die uns nicht nur die guten, sondern auch die schweren Zeiten leben lehrte.

Mein Vater war Prediger in Narva, einer kleinen Stadt Estlands, die durch einen Bombenangriff völlig vernichtet wurde, dicht an der ingermanländischen Grenze. Es war eine schöne, altertümliche Stadt, hoch an den Ufern der Narowa gelegen, von Festungswällen und Gräben umgeben. Es gab wundervolle alte Häuser mit spitzen Giebeln, altdeutschen Sprüchen über den Hausportalen, mit eisenbeschlagenen Türen und kunstvoll gearbeiteten Messingklopfern, von vornehmen alten Patrizierfamilien bewohnt. Schöne Möbel, kostbares Kristall, Silber und Porzellan gaben den Wohnungen ein ganz eigenes Gepräge. Es gab Häuser mit Zimmern, deren Wände ganz mit Delfter Kacheln getäfelt waren, Räume, die jedem Museum zum Schmuck gereicht hätten.

Unser Pastorat lag, spitzgiebelig und altertümlich, in einer schmalen Straße, der lutherischen Kirche gegenüber. Eine breite Steintreppe, mit mächtigen Steinkugeln geschmückt, führte ins Haus. Es waren verhältnismäßig kleine und enge Räume, die unsere Welt ausmachten, und wir mussten uns manchmal recht behelfen, aber meine Eltern hatten immer Raum für Gäste, für Müde, Kranke und Traurige, die oft auf Wochen bei uns aufgenommen wurden.

Behaglich war unser Haus, mit Möbeln eingerichtet, die zum Teil noch von unseren Urgroßeltern stammten. Die tiefen Fensternischen waren dicht mit Efeu umkleidet, hohe Zypressen und Ahorn und im Frühling blühender Goldlack und Hyazinthen standen an den Fenstern und füllten die breiten Blumenbretter, und alles, alles war voll Sonne.

Im Wohnzimmer, das zugleich Musik- und Speisezimmer war, stand ein breiter, mit grünem Wachstuch bezogener Eckdiwan, davor ein runder Speisetisch. An

diesen Platz knüpfen sich frühe Kindheitserinnerungen. Am Sonnabend in der Dämmerstunde, wenn die Glocken den Sonntag einläuteten, saßen wir Kinder auf diesem Eckdiwan dicht um unsere Mutter gedrängt und horchten auf die Klänge. Tief und feierlich schwangen die Glocken, die einen schönen, dunklen Klang hatten; schwiegen sie, dann sangen wir.
»Mutter, deine Stimme klingt wie Vaters Glocken«, sagten wir dann, denn sie schwang auch so tief und dunkel wie eine Glocke.
Vaters Glocke, Vaters Kirche, Vaters Orgel, sein Küster und sein Kirchendiener! Wir konnten es uns nicht denken, dass jemand anders der Herr all dieser Dinge wäre. Und Tränen der Empörung vergoss ich einmal, als der Sohn unseres Kirchendieners sagte, seinem Vater gehöre die Kirche, weil er die Schlüssel hätte, mein Vater könne nie hinein, wenn der seine nicht aufschlösse.
Aus dem sonnigen Wohnzimmer kam man in das so genannte »grüne Zimmer«, das meiner Mutter gehörte; es hatte seinen Namen wohl nach seinen grün bezogenen Möbeln. Über dem Sofa hing ein alter französischer Stich, die Kreuzigung darstellend. Wir fürchteten uns vor dem Bild, denn in der einen Ecke sah man die Auferstehung der Toten, die, in weiße Laken gehüllt, mit weißen Gesichtern sich aus den Gräbern erhoben. Um das Fenster, das in die Kirchengärten blickte, rankte sich Zimmerwein zu einer dichten Laube, in der meiner Mutter Schreibtisch stand. Kleine Engel an unsichtbaren Fäden hingen aus dem Grün herab, und blühende Blumen standen auf dem Fensterbrett. In einer Ecke befand sich Vaters alte Mahagonikommode, und am Sonntagmorgen sahen wir Kinder ihm aus der Ferne andächtig zu, wenn er aus der Schublade seine Beffchen und sein goldenes Brustkreuz an goldener Kette nahm und vor dem Spiegel anlegte, wobei meine Mutter ihm half.

Neben Mutters Zimmer lag Vaters Studierzimmer, das uns stets mit ehrfurchtsvoller Scheu erfüllte, auch wenn er sich nicht darin aufhielt. Der große Schreibtisch, Bücherschränke, eine ausgestopfte Eule im Glaskasten über der Tür und ein magnetisches Hufeisen stehen mir in lebhafter Erinnerung, dazu ein leiser Duft nach Tabaksrauch, der immer dieses Zimmer erfüllte.

Die Wohn- und Kinderzimmerfenster blickten auf unsere Kirche. Es gehörte zu unseren Sonntagsfreuden, in den Festkleidern am Fenster zu sitzen, wenn der Gottesdienst beendet war und Vaters Gemeindeglieder aus der Kirche kamen. Durch die geöffneten Türen drangen die feierlichen Klänge der Orgel. Die Luft war voller Glockenläuten, und viele aus der Gemeinde blieben stehen und grüßten zu uns herauf.

Wenn ich mein Elternhaus charakterisieren soll, wie es in mir lebt, würde ich sagen: es war voller Sonne, Blumen und Liebe. Unter den Strahlen dieser Liebe wuchsen wir Kinder auf und blühten und gediehen wie die Blumen an den Fenstern in den Strahlen der Sonne. Jeder, der in unser Haus kam, spürte den Strom der Liebe und die Wärme, die das Haus erfüllte. Noch nach Jahren durfte ich sie empfinden, denn sie wirkte in der Gemeinde fort, als meines Vaters Augen längst geschlossen waren und meine Mutter mit uns die Stadt verlassen hatte.

Sehr verschieden waren meine Eltern, es war nicht nur ein großer Altersunterschied, der zwischen ihnen bestand, sie waren auch in ihrer Eigenart ausgesprochene Persönlichkeiten, die sich aber wunderbar ergänzten. Eine tiefe Liebe verband sie miteinander, und ihre Ehe hielten sie heilig wie ein kostbares Gut, für das sie die Verantwortung trugen.

Mein Vater stand mitten im Leben, war abgeklärt, ruhig und pflichttreu, ein ganzer Mann. Obschon ich noch ein Kind war, als er starb, sehe ich ihn doch lebendig vor mir. Im Hause trug er meist einen langen, wei-

chen Hausrock mit Perlmuttknöpfen. Er war schlank und hoch gewachsen, sein Gesicht war edel und gütig mit einem humoristischen Zug um die Augen, der oft wie leiser Spott wirkte; und diesen ruhigen, überlegenen Blicken entging nur selten etwas. Schon als Kind empfand ich es, wie schön und edel seine Hände waren. Übergewissenhaft und sehr verwundbar, trug er oft schwer am Leben. Als Kind hatte er's nicht leicht gehabt, aus großem Reichtum waren seine Eltern in bittere Armut geraten, so lernte er früh Not und Sorge kennen. Er gab schon als junger Schüler Privatstunden, machte kleine Papparbeiten, die er verkaufte, und an Lichtstümpfchen, die er sammelte, arbeitete er nachts seine Schulaufgaben, wodurch er sich ein Augenleiden zuzog, das ihn sein ganzes Leben nicht verließ. So erklärte sich wohl eine gewisse Strenge in seinen Lebensanschauungen, dabei hatte er aber einen ausgesprochenen Sinn für Humor und verstand bezaubernd zu necken. In meiner Erinnerung lebt er als ein ernster Mann, doch barg sein Herz eine Fülle von Liebe und unwandelbarer Treue.
Ich glaube nicht, dass er ein großer Kanzelredner war, die Kraft seines Wirkens lag auf einem anderen Gebiet, er war ein treuer, liebevoller Seelsorger. Jede Seele seiner Gemeinde kannte er in ihrer Not, nie ließ er sie fallen, nie vergaß er sie. Die Kranken und Schwachen, die Armen und Verlassenen, die wussten von ihm. Oft ging es knapp in unserem Hause zu, weil Vater wieder, wie schon oft, einer armen Frau eine größere Summe in ihren Arbeitskorb gesteckt hatte, oder er hatte irgendetwas fürs tägliche Leben Notwendige aus unserer Speisekammer einer Kranken geschickt. »Das müssen wir an uns wieder ersparen«, sagte er dann zu Mutter, »es ist gut, wenn die Kinder frühzeitig für andere entbehren lernen!«
»Hilf, wo du kannst«, war eins seiner letzten Worte zu meiner Mutter, und als sie ihre Augen schloss, hinter-

ließ sie mir dieses Wort als Erbe meines Vaters. Wir Kinder hatten ein große Scheu vor ihm, die in meiner kleinen Seele an Furcht grenzte. Trat mein Vater zufällig ins Zimmer, wenn ich allein war, so stockte mir der Atem. Einmal stand er unerwartet vor mir, als ich meinen Puppenwinkel fegte, da erschrak ich so sehr, dass mein kleiner Besen meinen Händen entfiel. Er hob ihn freundlich auf und zeigte mir, dass ich ihn falsch gehandhabt hatte. Schauer der Ehrfurcht durchrieselten mich, als ich nun unter seinen Blicken meine Arbeit wieder aufnahm und zu seiner Zufriedenheit ausführte. Dieses Erlebnis ist ein Eindruck, der fest in meiner Erinnerung haftet, gab er sich doch nur selten mit uns Kindern persönlich ab.

Wenn wir ihn in seiner Amtstracht sahen, erschien er uns noch viel Ehrfurcht gebietender als im täglichen Leben, wir dachten dann immer, er sei ein Stückchen vom lieben Gott. Wir durften bei unseren Spielen nie laut schreien und toben. »Vater studiert«, das wirkte stets wie ein Dämpfer auf unseren Jugendübermut, denn er durfte nicht gestört werden. Ganz besonders galt das vom Sonnabend, wenn Vater an seiner Predigt arbeitete; dann musste Stille im ganzen Haus herrschen. Ich liebte diesen Tag vor allem, die Stille, die über ihm lag, gab ein Feiertagsgefühl in unsere Kinderherzen. Es war wie ein festliches Erwarten, dazu gehörten auch die weiß gescheuerten Dielen, der Duft nach frischem Weißbrot, der das ganze Haus durchzog, der Küster Nyländer, der sich die Liedertexte zum Sonntag holte, und dann das wunderbare Abendläuten in der Dämmerstunde und das Singen mit meiner Mutter.

Immer hatten meine Eltern irgendjemand im Hause, der gepflegt, gebessert, gespeist oder gekleidet werden musste. Einmal war es ein arme Frau mit fünf Kindern, die über ein Jahr lang bei uns lebte. Ihr Mann war ungerechterweise unter die Soldaten genommen worden. Mein Vater kämpfte mit nie nachlassender Energie für seine Befreiung und ruhte nicht eher, bis er ihn seiner Familie wiedergegeben hatte.

Ein anderes Mal war es ein junger, genialer Maler, ein reich begabter Mensch, der sich dem Trunk ergeben hatte und den meine Eltern mit einer unerschöpflichen Geduld und Liebe für ein geordnetes Leben wiedergewannen.

Weniger gut gelang es ihnen mit einem alten Tischler, der Tag und Nacht trank, wenn die Leidenschaft über ihn kam. Meine Eltern nahmen ihn ganz in ihr Haus, zu retten war er jedoch nicht mehr. Einmal hatte mein Vater ihm abends seine Stiefel und Kleider fortgenommen; aber bei 25 Grad Kälte ging er trotzdem in Unterkleidern und Strümpfen heimlich nachts in die Schenke, stürzte und schlich, eine breite Blutspur hinter sich lassend, wieder heim.

Wenn es keine Pfleglinge im Hause gab, ging mein Vater in der Dämmerstunde oft auf die Post und erwartete dort die Postkutsche, die auf dem Wege nach Petersburg in Narva nächtigte. Wie manchen fremden Gast hat er noch spät abends meiner Mutter ins Haus gebracht. Er hatte ein feines Gefühl für die heimliche Angst und Not fremder Menschenseelen. Besonders die deutschen jungen Gouvernanten, die oft so ahnungslos in unbekannte Verhältnisse fuhren, lagen ihm am Herzen. Wie manche von ihnen hat auf seine Einladung hin ihre Reise unterbrochen und ein paar Tage im Pastorat ausgeruht. Mit warmen Empfehlungen an deutsche Pastoren versehen, ermutigt und gestärkt, setzten sie dann ihre Fahrt ins weite russische Reich fort. Wie viele junge Menschen haben dadurch in der Fremde einen Halt gefunden, sind vor viel Bösem bewahrt worden und haben es meinen Eltern ihr Leben lang gedankt.

Außer zwei Söhnen aus erster Ehe waren wir drei Geschwister; ein Brüderchen und ein Schwesterchen starben früh. Karl war der Älteste, anderthalb Jahre älter als ich, mein Schwesterchen anderthalb Jahre jünger. Wir lebten im Ganzen sehr einträchtig miteinander, zuerst sollen wir beiden Schwestern unseren Bruder beherrscht haben, bis er sich ermannte, uns durchprügelte und durch diesen Gewaltakt Herrschaft über uns gewann. Meine Mutter verlangte von uns, dass wir ihm nachgaben, denn »kleine Mädchen dürfen nicht streiten und Recht behalten wollen«, sagte sie oft.

Karl war ein schönes, reich begabtes Kind, voller Phantasie, sehr erregbar, mit starkem Beobachtungssinn und kritisch veranlagt. Er hatte immer Pläne, machte Erfindungen, dachte sich Überraschungen aus, die oft die schönsten Puppenspiele störten, aber unbedingt ausgeführt werden mussten.

Seine Phantasie verleitete ihn manchmal zum Schwindeln. Als wir einmal von einem Spaziergang heimkehrten, schilderte er in glühenden Farben eine Prozession von russischen Priestern, die er gesehen habe, bei der Priester betrunken gewesen seien. Er machte voller Eifer ihr Taumeln nach und wie ihnen die Fahnen aus den Händen gesunken wären. Wir kleinen Schwestern waren sprachlos, denn wir hatten nichts davon gesehen. Mutter ging der Sache auf den Grund, und als es sich erwies, dass nichts von dem, was er erzählte wahr war, wurde er sehr gestraft. Es war wohl der künftige Dichter, der sich in ihm regte.

Sein männliches Selbstwertgefühl war früh schon sehr entwickelt. Von uns Schwestern hielt er ganz besonders wenig. »Mädchen sind fast immer dumm«, sagte er, »und Schwestern ganz besonders.« Ich glaube, er schämte sich unser oft.

Mein Schwesterchen hieß Elisabeth, und wir beide wurden Mona-Lisa genannt. Sie war ein bezauberndes Kind mit dichtem, dunklem Haar und strahlend schönen Augen, ein kleines, ernsthaftes Geschöpfchen mit einem zärtlichen Herzen, nachdenklich, tapfer und gewissenhaft. Als sie zwei Jahre alt war, fiel sie beim

Spielen auf den Rücken, was ein Erschütterung des Rückenmarks zur Folge hatte. Eine schwere Krankheit brach bei ihr aus; Tag und Nacht wachte Mutter an ihrem Krankenbett, in wilder Verzweiflung um ihr Leben ringend. Vater musste amtlich verreisen, und sie blieb mit dem sterbenden Kind allein. In einer Nacht kam die Krisis. Als die Glocken den Sonntag einläuteten, schlug mein Schwesterchen nach langer Besinnungslosigkeit die Augen auf, sie flüsterte etwas, und als meine Mutter sich über sie beugte, verstand sie die Worte: »Ich möchte gern Klimpen mit brauner Butter essen.«

Die Seligkeit meiner Mutter kannte keine Grenzen. Ihr Kind war ihr wieder geschenkt, damals aber wusste sie es noch nicht, zu welchem Leben. Mein Schwesterchen konnte nicht mehr recht gehen, es entwickelte sich ein unheilbares Leiden, an dem sie immer schwer trug. Meine Mutter sagte später oft, sie hätte sich das Leben dieses Kindes von Gott erzwungen, das sei nicht recht gewesen. Ihr Dasein war voller Entbehrungen, voller Leiden und Qual. Gewiss war es auch reich, denn sie war eine besondere Persönlichkeit, eine von den ganz Starken, Großen, die zu Führern berufen scheinen; und diese Natur musste ihr Leben auf dem Krankenlager verbringen, ihr mächtiger Wille wurde langsam durch die Krankheit gebrochen, die Schwingen dieser Künstlerseele wurden geknickt. Sie musste vor allem das eine lernen: sich fügen und leiden. Es war ein Kampf um Leben und Tod, und sie lernte es; doch ein Leben ging darüber hin. Sie war fünfundvierzig Jahre alt, als ihr starkes Herz seinen letzten Schlag tat. Ihr stilles Krankenzimmer aber war ein Segen für viele. Mit ihren großen Gaben, ihrem liebesstarken Herzen, mit ihrer leidenschaftlichen Hilfsbereitschaft, mit ihrer tiefen Klugheit wurde sie vielen eine Führerin. Keiner, der mit ihr in Berührung kam, konnte an ihr vorübergehen, ohne etwas von ihrem Reichtum zu erhalten. Das tragischste Lebensschicksal, das mir begegnet ist, war das ihre.

Wenn ich nicht schon an ein Weiterleben, an eine höhere Entwicklung der Seele nach dem Tod glaubte, dieses Menschenleben würde mich diesen Glauben lehren. Wer aber ahnte damals etwas von dem leidvollen Weg, der dieser kleinen Menschenseele beschieden war? Wir jauchzten und jubelten, dass sie gerettet war, und sie saß bald in ihrem weißen Bettchen, blickte fröhlich mit ihren schönen Augen in die Welt, und ich durfte mit ihr spielen. Sie lernte auch wieder gehen, stolperte aber, fiel leicht und schwankte oft plötzlich unsicher auf ihren Füßchen. Autoritäten wurden konsultiert, keine aber erkannte damals den Sitz des Übels. Nach Jahren erst wurde es festgestellt, da aber war es zu spät. Sie hätte ganz gesund werden können.

Als Kind empfand sie ihr Leiden nicht so schwer, und wir sind viel miteinander umhergelaufen, sie immer an meiner Hand. Ich hatte es im Griff, sie emporzuziehen, wenn sie fiel, und mit einem Ruck sie wieder auf die Füße zu stellen; wir liefen dann sorglos weiter.

Wir liebten uns grenzenlos, mir war kein Opfer für sie zu groß, und ich musste schon als Kind um ihretwillen auf vieles verzichten. Wie oft blieb ich zu Hause, musste Einladungen absagen, damit sie nicht allein war. Doch kann ich mich nicht erinnern, dass mir das jemals schwer geworden wäre. Wenn wir in der biblischen Geschichte von Jesu Krankenheilungen hörten, dachte ich immer: ›Wenn der Heiland doch nur eine halbe Stunde zur Erde kommen wollte, dann würde ich ihm mein Schwesterchen bringen, dass er es anrührte und heilte.‹ Hörten wir Mädchen von guten Feen, denen man Wünsche sagen durfte, die sie sofort erfüllten, dann hätte ich nur einen Wunsch gehabt, dass mein Schwesterchen gesund würde. Sie hatte in unserem Verhältnis immer das Übergewicht, ich ordnete mich ihr in allem unter bis zum blinden Gehorsam, denn ich bewunderte sie unendlich. Sie war offen und liebevoll, kam mit ausgestreckten Armen jedem Menschen entgegen und gab ohne Scheu kluge und tiefsinnige Antworten auf alle Fragen. An ihren Puppen hing sie mit leidenschaftlicher Liebe, ein tragisches Erlebnis mit einer geliebten Puppe schnitt tief in ihr kleines Herz. Dieses Püppchen stammte aus Riga, hatte ein liebliches Wachsgesichtchen und himmelblaue Augen, die es öffnen und schließen konnte. Eines Tages, es war Frühling und die Sonne schien warm, hatte mein Schwesterchen ihr Puppenkind ans Fenster in die Sonne gesetzt; plötzlich erscholl ein jammervoller Schrei der kleinen Mutter: »Meine Jenny hat ein verzerrtes Gesicht!«

Die Sonne hatte das Wachsgesichtchen geschmolzen, und statt des lieblichen Lächelns lag ein schiefes Grinsen darauf – und was das Schrecklichste war: es konnte die Augen nicht mehr öffnen, es war wirklich tot. Der Jammer der armen Mutter war tief, mit gerungenen Händen hielt sie die kleine Leiche auf ihrem Schoß, bis man das Jammerbild verschwinden ließ. Vater brachte eine andere Puppe aus Petersburg mit, ein Scheusal mit grellen schwarzen Augen, die unbeweglich in ihrem Gesicht standen. Mit Hass und Abscheu wurde dieses Ersatzkind von uns empfangen; wie konnte Vater nur denken, dass dieses Geschöpf uns unsere Jenny ersetzen könnte! Und zum ersten Mal empfand ich es in meinem empörten Herzen, dass Männer Frauenschmerzen im tiefsten Grunde nicht verstehen können.

Ich bin die Einzige von uns Geschwistern, die nicht in Narva geboren wurde; in Riga, im alten Großelternhaus erblickte ich das Licht der Welt. Die Cholera herrschte in der Stadt und ein Komet stand am Himmel, blutig rot und Schrecken verbreitend. Mein Vater war zur Kur in Reichenhall und sah mich erst, als ich ein kleiner Mensch war, der klar aus seinen Augen schaute.

Meine Mutter machte sich manche Sorge um meine Charakteranlagen, ich hatte meine Gewohnheiten, von denen ich mich nicht abbringen ließ: ich schrie in den Nächten und schlief am Tage, womit ich meine Umgebung zur Verzweiflung brachte. Als ich meine ersten Zähnchen bekam, biss ich meine Mutter beim Saugen in die Brust. Sie gab mir dafür einen kleinen Schlag, der mich so kränkte, dass ich den ganzen Tag keine Nahrung zu mir nahm, erst am Abend war ich so matt vor Hunger, dass ich weich wurde und meiner Mutter vergab.

»Es wird ein schreckliches Kind«, sagte sie sorgenvoll.
»Sie ist sehr stolz«, meinte meine Wärterin, »sie lässt sich nichts gefallen.«

Ich war äußerlich und innerlich sehr verschieden von meinen Geschwistern: blond und zart, scheu und abgeschlossen gegen Fremde, war ich leicht verschüchtert und still, aber nur in fremder Umgebung. War ich unter vertrauten Menschen, schwatzte und lachte ich und sang wie ein Vogel. Fühlte ich Mangel an Verständnis, zog ich mich in mich selbst zurück; war ich zu Besuch, zerriss Heimweh mein Herz und Sehnsucht nach Hause, nach meiner Mutter. Wie oft bin ich, von Tränen überströmt, aus Kindergesellschaften heimgebracht worden. Ich wusste wohl, dass Mutter mich dafür schelten würde, doch dünkte mich das süß gegen die Qualen der Sehnsucht. Ich war wie im Bann meiner Empfindsamkeit, die mich oft abstoßend und unliebenswürdig erscheinen ließ. Wie gern wäre ich zutraulich und liebevoll wie mein Schwesterchen gewesen, konnte es aber nicht.

»Du wirst einmal einen General heiraten«, sagte meine alte russische Wärterin, »denn du bist sehr stolz und vornehm. Lisachen ist einfach und liebevoll, die heiratet einen Pastor.«

Als Mutter zum Gute Nacht sagen an unsere Betten trat, fand sie mich in Tränen aufgelöst. Unter Schluchzen brach es aus mir heraus: »Ich möchte lieber eine Pastorin werden als eine Generalin.«

Meine Mutter tröstete mich: der liebe Gott wüsste ganz genau, was für mich das Richtige wäre. Wenn ich liebevoll und gehorsam sei, dürfte ich vielleicht einmal einen Pastor heiraten.

Charakteristisch war es für mich, dass ich mich nie zu etwas überreden ließ, meine Geschwister ließen sich von meiner enthusiastischen Mutter mit fortreißen, ich nie! »Sag, dass ich es tun muss, obschon es schrecklich ist, dann tue ich es gleich; aber sag nur nicht, dass es schön ist und dass ich es gern tun möchte.«

Ich fürchtete mich namenlos vor Gewittern. Als Mutter mich damit tröstete, der liebe Gott könne mich ja beschützen, sagte ich: »Dass er es kann, weiß ich ganz genau, wer sagt mir's aber, dass er auch will?«

Als darüber gesprochen wurde, dass eine Lokomotive durch heißes Wasser und Kohlen in Bewegung gesetzt würde, sagte ich ungläubig: »Warum läuft aber dann die Teemaschine nicht vom Tisch?«

Vater war einmal mit Bruder Karl auf Reisen. Als wir abends in unseren Betten lagen, schlug mein Schwesterchen vor, wir sollten für die Reisenden beten, dazu war ich sofort bereit.

»Nun beten wir für den Kutscher«, sagte Lisa dann, dem aber widersetzte ich mich.

»Der Kutscher ist kein Herr und gehört nicht zur Familie.«

Lisa bat für ihn: »Er hat den schlechtesten Platz auf dem Bock, da kann er einschlafen und herunterfallen.«

»Da muss er eben aufpassen«, sagte ich streng.

Mutter kam und sollte entscheiden, wer Recht hätte; beschämt sah ich mein Unrecht ein.

Eines Abends fand meine Mutter mich bitterlich schluchzend im Bett. Auf ihre Frage, warum ich weine, sagte ich: »Ich möchte einen kranken Rücken haben wie Lisa, damit mich die Menschen lieben wie sie.«

Mutter sagte, das käme nicht von ihrem kranken Rücken, sondern von ihrem liebevollen Herzen. Was man an Liebe fortgäbe, würde man immer wieder an Liebe ernten; ich solle Gott nur um ein liebevolles Herz bitten, dann würde mein Leben reich sein.

Ich blieb nach diesem Gespräch lange wach, sah nach den Sternen, die durch unser Schlafzimmerfenster funkelten, und dachte darüber nach, ob Gott mir wohl ein liebevolles Herz schenken und wie mir dann zumute sein würde.

Es wurde viel in unserem Haus musiziert. Beim Aufstehen, beim Schlafengehen und bei unseren Spielen sangen wir Kinder. Jeden Abend saß meine Mutter an ihrem Flügel, spielte und sang, und ihre Stimme voller Seele klang in unsere Träume hinein. Manchmal krochen wir dann aus unseren Bettchen, setzten uns auf die Schwelle unseres Schlafzimmers und horchten. Wenn unsere russische Wärterin uns so fand, brachte sie uns scheltend zurück. Sie hielt nicht viel von Mutters Gesang und behauptete, wir würden dadurch nur aufgeregt.

Meine beiden Stiefbrüder, Frommhold und Emmanuel, Söhne aus Vaters erster Ehe, waren viel älter als wir. Sie kamen nur noch als Gäste ins Elternhaus. Manchmal fuhren wir in einer großen Kutsche ins Pastorat meines ältesten Bruders. Wir waren stolz auf ihn und erzählten gern, dass wir eine Schwägerin hatten.

Emmanuel übte mehrere Jahre seiner zarten Gesundheit wegen seinen Beruf im Süden aus. Als er sechzehn Jahre alt war, hatte er sein Abitur gemacht. Vater erlaubte ihm nicht, so jung die Universität zu beziehen, da trotzte er und drohte, dann überhaupt nicht studieren zu wollen. Aber Vaters Wille seinen Kindern gegenüber war unbeugsam; es waren zwei harte Köpfe, die aufeinander stießen. So kam es, dass Emmanuel einen Weg ging, auf dem seine glänzenden Gaben, sein sprühender Witz, seine scharfe, schnelle Klugheit nicht so zur Geltung kamen, wie es auf einem anderen Wege hätte geschehen können.

Es war in einem Sommer, den wir am Strand verbrachten, als er den Süden verließ und wieder in die Heimat kam. Er lebte einige Wochen bei uns und stellte unser ganzes friedliches Leben vollständig auf den Kopf. Er war groß und schlank, blond, mit blauen, klug und scharf blickenden Augen, sprühend amüsant, voller Witz und glänzendem Humor. Er war sehr leichtsinnig, verlor aber nie den Boden unter den Füßen, denn er war dabei peinlich ehrenhaft. Für uns Kinder war er eine sagenumwobene Persönlichkeit, ein Prinz aus dem Märchenlande. Er hatte eine namenlos komische, trockene Art, von seinen Abenteuern zu erzählen, und wir hörten ihm atemlos vor Bewunderung zu. Was er erzählte, war noch viel aufregender als die Geschichten von Gustav Nieritz, von denen man nicht recht wusste, ob sie auch wirklich passiert waren, aber was Emmanuel erzählte, war alles wirklich geschehen, und er war der Held dieser Erzählungen.

Er erzählte von einem Hotel am Genfer See, in dem er lange Zeit gelebt hatte; er erzählte vom blauen See, auf dem man mit weißen Booten und schneeweißen Segeln fahren konnte, während eine wunderbare Musik auf der Terrasse des Hotels spielte und die Abendsonne auf den Bergen lag. Das Schönste aber war eine junge Dame, mit der er in einem weißen Boot spazieren fuhr. Einmal wollte er ihre Stellung zu ihm prüfen, zu dem Zwecke holte er sie nicht, wie er versprochen hatte, zu einer Bootsfahrt am Abend ab, sondern legte seine Mütze, seinen Überrock und seinen Stock ins Boot, das er von der Kette gelöst hatte, stieß es vom Land ab und verschwand spurlos. Nach Tagen – man hatte unterdes das Boot mit den Sachen aufgefischt – kam er unerwartet heim. Das ganze Hotel war in namenloser Aufregung gewesen und hatte überall vergebliche Nachforschungen nach ihm angestellt.

»Was sagte die Dame, als du so plötzlich ankamst?« fragten wir.

»Nicht viel! Aber ich hatte meinen Zweck erreicht, sie decouvrierte sich.« Doch wollte er uns durchaus nicht sagen, was das bedeutete.

Ein anderes Mal war er vollständig ohne Geld, da erließ er im Hotel eine große Anzeige: »Emmanuel Hunnius ist hier und beabsichtigt während seines Aufenthaltes einige Violinstunden zu erteilen; auch zum Ensemblespiel ist er bereit.«

Der Preis für die Stunden war sehr hoch angesetzt; es meldeten sich sofort eine große Menge Schüler, sogar eine Prinzessin wollte jeden Tag eine Ensemblestunde haben. Leider war sie ein wenig verrückt: sie spielte, was sie wollte, und er geigte dazu, was ihm einfiel. Doch endete die Sache traurig, sie verliebte sich grenzenlos in ihn, erschien in den Stunden in Hoftoilette mit einem Diamantdiadem auf dem Kopf. Ihre Gesellschaftsdame berichtete darüber an die fürstlichen Eltern, und sie wurde sehr schnell abgeholt.

Meine Mutter war oft sorgenvoll über all diese Dinge, die er in unsere kleinen, sorgfältig behüteten Seelen versenkte, doch konnte ihm niemand Einhalt tun, wenn er im Schwung des Erzählens war. Immer hatte er mit uns etwas vor: Karl gab er einmal heimlich so viel Kompott zu essen, dass der arme, kleine Kerl schwer erkrankte und tagelang das Bett hüten musste. Mich neckte er von früh bis spät, er hatte mich derart aufgeregt, dass ich sofort in Tränen ausbrach, wenn er mich nur ansah und: »Aber Mona!« sagte. Trotzdem vergötterte ich ihn, folgte ihm auf Schritt und Tritt und sah ihm alle seine Wünsche von den Augen ab.

Unsere russische Wärterin war in beständiger Aufregung, weil sie für ihre Lieblinge durch diesen großen Bruder überall Gefahr witterte. Es war aber sein größter Spaß, wenn er sie ängstigen und uns aus ihrer treuen Hut entführen konnte. Ich glaube nicht, dass mein Vater ein großes Verständnis für seinen zweiten Sohn hatte. Sein grenzenloser Übermut, sein großer Leicht-

sinn, sein kecker Witz fanden in unseres Vater schlichter Natur wenig Verständnis, meine Mutter bildete die Brücke zwischen Vater und Sohn. »Mein Leben begann erst Lebenswert zu gewinnen, als Mutter ins Haus kam«, sagte er mir einmal nach Jahren.
Mutter verstand sich mit ihren beiden Stiefsöhnen ausgezeichnet, und beide wünschten nach meines Vaters Tod, sie in ihr Haus zu nehmen. Es blieb ein schönes Verhältnis bis ans Ende.
Wenn ich von meinem Elternhaus erzähle, darf ich zwei getreue Seelen nicht vergessen, die hineingehören. Nadinka und unsere russische Wärterin, »Njanja« genannt.
Nadinka war unser guter Hausgeist, sie nähte unsere hässlichen Kleider und verfertigte unsere entstellenden Hüte, denn Geschmack besaß sie keinen. Auch unsere Mutter kannte nur Schönheit auf geistigem Gebiet. Außerdem fürchtete man in meiner Jugendzeit nichts so sehr, als dass Kinder eitel werden könnten, und hübsch angezogene Kinder erschienen uns verdächtig und albern.
Nadinka half auch in der Küche, pflegte jeden, der krank war, mit Hingabe, unterrichtete uns in den Anfangsgründen so unmethodisch wie nur möglich, schwärmte mit meiner Mutter für Heine und Goethe. Unser Haus war ohne Nadinka völlig undenkbar.
Aber unsere Njanja war doch für uns die Liebste und Wichtigste. Sie kam in unser Elternhaus, als Karl geboren wurde, und trug uns alle auf ihren treuen Armen, sie war der richtige Typus der berühmten russischen Njanja. Ihr Herz war voller Liebe für uns und unser Haus, ihre Seele voll Frömmigkeit und tiefer Ehrfurcht. Durch sie lernten wir das russische Volk kennen und lieben. »Meine Kinder«, nannte sie uns und war stolzer auf uns als unsere eigene Mutter. In ihrer kindlichen Frömmigkeit wollte sie auch uns den Segen ihrer Kirche zukommen lassen: mit dem geweihten Jordanwas-

ser zeichnete sie unsere kleinen Stirnen, und vom Abendmahlsbrot brachte sie uns immer ein Stückchen mit, das sie, sorgfältig in ein Tuch gewickelt, aus der Kirche trug. Sie lehrte uns durch ihre Ehrfurcht auch die Ehrfurcht vor allen Formen anderer Religionen. Sie nahm uns in die russische Kirche mit, doch war uns diese mit ihren fremdartigen Gebräuchen unheimlich. Meine Eltern ließen sie in allem gewähren, denn sie wussten, wir waren in treuester Obhut.

Der schönste Tag im Jahr war aber für sie doch der, an dem der russische Pope meinen Vater besuchte. In unseren besten Kleidern, mit spiegelblank gebürstetem Haar brachte sie uns ihrem Geistlichen und ließ sich und uns von ihm segnen.

Njanjas Mann war in den Krieg nach Russland gezogen und lange Jahre verschollen, sie hielt ihn für tot. Da, zu unser aller Entsetzen, erschien er eines Tages bei uns und forderte seine Frau zurück. Sie weigerte sich verzweiflungsvoll, uns zu verlassen und ihrem ihr fremd gewordenen Mann zu folgen. Mit Grauen sahen wir Kinder den fremden Soldaten in der Küche sitzen, seinen Säbel hatte er neben sich an einen Nagel gehängt. Karl behauptete, Blutspuren daran gesehen zu haben, und wir beschworen Njanja weinend, nicht mit diesem blutdürstigen Soldaten fortzugehen. Sie beruhigte uns, es wäre kein Blut, sondern nur Fett am Säbel, damit er nicht roste, und verlassen würde sie uns nie, der Mann könne ruhig eine andere Frau heiraten. Ja, sie spuckte sogar vor ihm aus, was uns ungemein tröstete. Doch meine Eltern dachten anders als wir, und sie musste mit ihrem Mann gehen. Aber er starb bald, und mit Jubel auf beiden Seiten kehrte Njanja wieder in unser Haus zurück. Sie ist uns treu geblieben, und wir haben die Verbindung mit ihr nicht verloren, als wir Narva verließen. Lange Jahre nachher habe ich sie einmal besucht. Ihre Freude, mich wieder zu sehen, war erschütternd! Sie lebte noch ganz in der Erinnerung an mein Elternhaus, trug die Schürzen und Kleider, die sie von meinen Eltern erhalten hatte, und brachte mir wie in alten Zeiten vom Abendmahlsbrot, das sie in ein Tüchlein gewickelt hatte. Sie küsste das Brot, wie ich es schon als Kind bei ihr gesehen, ehe sie es mir übergab. Als ich abreisen musste, begleitete sie mich an die Bahn und drückte mir im letzten Augenblick ein Papier in die Hand, auf das sie alle Gebete hatte schreiben lassen, die der russische Pope für mich und meine Geschwister gesprochen. Ich hatte ihr Geld geschenkt, das sie alles hierfür verbrauchte.

»Du wirst einsehen«, sagte sie auf meinen Vorwurf, »dass es viel wichtiger ist, für euch zu beten, als dass ich alte Person mir noch etwas kaufe.«

Als der Zug mich forttrug, lief sie laut weinend ein Stück nebenher. Doch das Geräusch der Räder verschlang ihre Abschiedsworte und ihr Weinen.

Unser Haus wäre nicht ganz geschildert, erzählte ich nicht von seinem kleinsten Bewohner, unserem braunen Hund, Trixa genannt. Er spielte eine große Rolle in unseren Kinderspielen, wurde getauft, getraut, eingesargt und beerdigt, was er sich alles fröhlich gefallen ließ. Er rettete unser Leben: auf einem Spaziergang stürzte sich ein toller Hund auf uns, Trixa warf sich ihm mutig entgegen, der Hund war groß und stark, aber Trixa hatte sich in seine Kehle verbissen und ließ ihn nicht los. So rollten sie zusammen einen Abhang hinunter und fielen in die Narowa. Wir waren gerettet. Ich habe das Empfinden, dass die große Liebe, die von meinen Eltern ausstrahlte, die Aufopferungsfähigkeit, die sie kennzeichnete, das ganze Haus erfüllte und sich sogar bis auf unseren kleinen Hund erstreckte, der so tapfer für uns in den Tod ging.

Ein wunderbarer Glanz ist in meiner Erinnerung über den Festzeiten unseres Hauses, es lag so viel Feierlichkeit und frohe Erwartung schon in den Tagen, die ihnen vorangingen. Wir sahen meinen Vater oft in seiner

Amtstracht, die Glocken läuteten viel, und Gesang tönte aus der deutschen und der russischen Kirche zu uns herüber. Dazu verstand meine Mutter jedem Fest sein besonderes Gepräge zu verleihen.

Ostern mit seinem blühenden Goldlack, den bunten Eiern in den hohen alten Kristallschalen, und Pfingsten mit seinen frischen Birken in allen Zimmern! Dazu läuteten unsere schönen tiefen Glocken, mitten hinein bimmelten die lustigen russischen Kirchenglocken, oft auch in der Nacht, dass wir davon erwachen mussten. Das ganze Haus duftete nach frischem Brot und Kuchen, Treppen und Vorhäuser waren mit weißem Sand und je nach der Jahreszeit mit gehacktem Tannengrün oder frischem Kalmus bestreut, und von meiner Mutter ging es immer wie ein Strom starker Freude aus.

Ach, und Weihnachten! Schon die Adventszeit mit dem Adventsstern war voll seliger Ahnungen. Wir versammelten uns oft im Wohnzimmer um den Flügel meiner Mutter, von der Decke hing der bunte Stern herab, erfüllte den Raum mit seinem milden Licht und wir sangen: »Macht hoch die Tür, die Tor macht weit, es kommt der Herr der Herrlichkeit.«

Und dann kam der Weihnachtstag: Mit geheimnisvollem Rauschen wurde der Weihnachtsbaum ins Wohnzimmer getragen. Wir wussen es nicht, rauschten die Zweige so oder waren es Engelsflügel? Dann erfüllte der Tannenduft das ganze Haus; wir lagen auf dem Fußboden, um nur einen Schimmer durch die Ritze der Tür zu erspähen. Ach, und wie herrlich war es, wenn dann die Stunde schlug, die Tür sich weit auftat und alles voller Glanz und Freude war!

Am ersten Feiertag abends gab es große Armenbescherung, da tauchten auch unsere alten Spielsachen wieder auf, und ich konnte den letzten schmerzlichen Abschiedsblick auf meine geliebten Puppen werfen. Die Haustür stand immer offen, nur zur Nacht wurde sie geschlossen.

Ein großes Ereignis in unserem Kinderleben war der Besuch eines richtigen Zwerges; er kam regelmäßig einmal im Jahr aus einem der benachbarten russischen Dörfer und bettelte. Er sah prächtig aus mit dichtem, langem Bart, im blauen »Kaftan«, mit hoher, spitzer Pelzmütze. Wir Kinder waren in namenloser Aufregung, nun würden wir doch endlich einmal etwas von Schneewittchen erfahren, und bebend vor Erregung fragten wir ihn, ob er wohl Schneewittchen gekannt habe. Er schüttelte seinen dicken Kopf, nein, die wäre nicht in seinem Dorf gewesen. Ob er denn nichts von ihr gehört hätte, bei den Zwergen habe sie doch gelebt, und wie sie im gläsernen Sarg lag, das müsste er doch gehört haben? Er riss vor Staunen seine Augen weit auf. Nein, bei ihnen hätte keiner einen gläsernen Sarg gehabt, davon hätte er sonst sicher gehört. Aber vielleicht wäre es in einem anderen Dorf gewesen, in seinem bestimmt nicht.

Das war uns eine schmerzliche Enttäuschung, Karl aber tröstete uns: »Er darf es nur nicht sagen, wegen der bösen Königin.«

Nun wurde es uns noch wunderbarer, und wir sahen dem kleinen Mann mit heißem Interesse nach. Weil ihm das Kniegelenk fehlte, konnte er die Treppe nicht hinuntersteigen, er setzte sich auf die oberste Stufe, stützte sich auf seine Hände und ließ sich so hinabgleiten. Unten angekommen stellte er sich schnell auf seine Beine, schwenkte seine Fellmütze und stelzte davon. Die hinteren Fenster unseres Pastorates gingen auf unseren kleinen Garten, an den sich, nur durch einen Holzzaun getrennt, der große Garten der russischen Kirche schloss. Wir sagten, der Garten gehöre »Herrn Pop«, und diese Sagengestalt hat uns oft geängstigt. Wir hatten eine Latte am Zaun gelöst und krochen durch diese Öffnung mit Vorliebe in den großen Garten. Weil er geschützt und gegen Süden lag, wurde es dort immer etwas eher Frühling als in dem unseren.

Dort war ein steiniger, von der Sonne warm beschienener Hügel, auf dem das erste Grün sprosste; später wurde er goldgelb von blühenden Butterblumen. Nach all diesen Herrlichkeiten trugen wir ein heißes Verlangen. Wie oft schon war die Latte wieder befestigt worden; immer wieder machten wir sie los, um mit Schauern und Angst in »Pops« Garten zu gehen, Blumen zu pflücken oder kleine, essigsaure Äpfel zu sammeln.

»Herr Pop kommt, Herr Pop kommt«, rief Karl dann oft plötzlich, und in wilder Angst, Lisachen zwischen uns schleppend, rasten, kollerten, fielen wir durcheinander, pressten uns durchs Loch im Zaun, bis wir endlich aufatmend in Sicherheit in unserem Garten waren. Dann lachte uns Karl meist aus, er hatte uns nur erschrecken wollen.

Kaum jemals zeigte sich ein Mensch in dem Garten, wie verzaubert lag er mitten in der Stadt: still, einsam und vergessen. Das erste Erwachen des Frühlings führt in meinen Träumen noch oft dorthin. Zur Zeit der Obstblüte, da war es wie ein Märchen, der ganze Garten war ein weiß und rosa schimmerndes Blütenmeer. Eine alte Grabkammer, mit Moos bewachsen, lag auf der Grenze der Gärten, und durch ein kleines, vergittertes Fenster sahen wir oft mit Grauen hinab in der Hoffnung, Totenknochen zu erblicken.

Dicht an unser Haus stieß die russische Kirche. Zur Zeit der Schwedenherrschaft war sie lutherisch gewesen, und mein Vater entdeckte dort einmal in einer Nische ein vergessenes Lutherbild, das von den ahnungslosen Gläubigen als ein Heiligenbild angebetet wurde; ein ewiges Lämpchen brannte davor. Mein Vater klärte die Sache auf, und Luther wanderte in seine Sakristei.

Das Fenster des Allerheiligsten ging auf unseren Garten, und es war ein geheimnisvolles, schauerliches

Gefühl, in diesen Raum zu blicken. Dazwischen krochen wir sogar aufs breite Fensterbrett, pressten unsere kleinen Gesichter an die Eisengitter, blickten auf den goldschimmernden Altar und atmeten den Weihrauchduft ein, der durch die Ritzen quoll.

Einmal hatten wir unseren Beobachtungsposten während eines Gottesdienstes eingenommen; der amtierende Priester sah uns, und mit der einen Hand das Räucherfass schwingend, drohte er mit der geballten Faust der anderen zu uns herüber. Wir fielen vor Schreck von der Fensterbank und fühlten uns erst sicher, als wir bei Mutter waren. Tagelang wollte ich nicht in den Garten gehen aus Angst, »Herr Pop« könne wieder mit der Faust drohen.

Einmal aber geschah ein großes Unglück! Eins unserer Hühner war durchs Fenster ins Allerheiligste gedrungen, man fand es dort auf dem Altar friedlich schlafend. Das Allerheiligste musste von neuem geweiht werden.

Ein verbauter Hof mit seltsamen Dächern und altmodischen Galerien, mit Stall, Wagenscheune und Schweinestall gehörte noch zu unserem Pastorat. Alles war altertümlich, winkelig und voller Geheimnisse für uns Kinder.

Welch ein wunderschönes Städtchen war doch Narva! Die Festungswälle, die alten Mauertürme, die tiefen Gräben mit ihrem hohen Gras und den gelben und weißen Blumen waren voll heimlicher Poesie. Unser liebster Spaziergang mit unserer Wärterin war zur »dunklen Pforte«, einem Festungstor, das zu einem Garten auf der Stadtmauer führte. Mit leisen Schauern gingen wir durchs dunkle Tor, vor dem immer ein Soldat Wache stand. Was er dort bewachte, wusste niemand, er selbst wohl am wenigsten; die Wache war aus alter Zeit so stehen geblieben und vergessen worden. Wir atmeten immer befreit auf, wenn wir das Tor passiert hatten und der sonnige Garten sich vor uns auftat. Wir fürchteten, der Soldat könne einmal nach uns schießen, obschon Njanja uns versicherte, wenn er das täte, käme er nach Sibirien. Es war ein wundervoller Ort, hoch oben auf der Bastei mit dem Blick auf die Narova und aufs gegenüberliegende Flussufer zur alten Russenfestung Iwangorod.

Ein sehr beliebtes Ziel für unsere Spaziergänge bildete auch das Armenhaus, dort war ein großer Garten und ein Hof mit einer Heuwaage, auf der wir wippten. Auf den Bäumen saßen immer Dohlen, die schrien, und die alten Frauen nannten sie »Dahlchen«. Hier hatten wir zwei Freundinnen, zwei alte Frauen, die wir heiß liebten und gerne besuchten: Madame Wiera und Madame Zeschke. Ich dachte immer, das beneidenswerteste Los auf Erden sei, im Armenhaus leben zu dürfen. Ich fragte einmal Madame Zeschke, zu der ich großes Vertrauen hatte: »Ach, Madame Zeschke, glaubst du, dass ich, wenn ich so alt bin wie du, auch einmal ins Armenhaus kommen darf?«

Die Alte war empört. »Was denkst du eigentlich, eine Pastorstochter im Armenhaus, das wäre eine schöne Geschichte!«

Namenlos interessante Sachen waren in den Zimmern der beiden Frauen: ein Ofen aus braunen Kacheln, der auf hohen Füßen stand, mit einem Ofenloch, das mit einer Messingtür verschlossen war; und wenn wir sie öffneten, sahen wir immer eine braune Kanne mit Kaffee darin stehen. Am Fenster war ein breiter Tritt mit zwei Stufen, auf denen man sitzen und zuhören konnte, wenn Madame Zeschke Zaubergeschichten erzählte. Dann stand da ein Lederstuhl mit Lederriemen an Stelle der Armlehnen, den konnte man zusammenklappen und wie eine Drehorgel auf dem Rücken tragen; dazu sang man, worüber Frau Zeschke Tränen lachte. Ferner war da eine Tür mit einem Gewicht, das in dicke Lappen gewickelt war, und als wir Frau Zeschke fast zu Tode gequält hatten und sie es loswickelte, um es uns zu zeigen, war zu unserer Enttäuschung nur ein Ziegelstein darin. Dann gab es große blaue Tassen, die auf einer Kommode standen, einen Nähkasten mit kleinen, bunten Sternen, auf die Zwirn gewickelt war, ein Nadelbuch, eine alte verrostete Schere, die so stumpf war, dass man mit ihr das Zeug nur kneifen, niemals schneiden konnte, eine Garnwinde auf einem Fuß, bunte Teller – kurz, Herrlichkeiten, an denen man sich gar nicht satt sehen konnte! Überall durften wir kramen, alles anfassen, alles besehen.

Wir liebten Frau Zeschke unendlich! Sie war rund wie eine Kugel, hatte ein feuerrotes, lustiges Gesicht und trug eine weiße Haube mit Rüschen. Sie konnte so herzlich lachen und uns durch komische Erzählungen zum Lachen bringen, dass Lisachen dabei einmal den Halt verlor, vom Tritt herunterfiel und ins Zimmer rollte.

Madame Wiera war still und ernst; schmal und spitz sah ihr Gesicht aus einer schwarzen Tüllhaube mit schwarzen Rüschen. Das Leben hatte sie hart angefasst, ich habe sie nie lachen gesehen.

Diese beiden Alten umgab solch eine Atmosphäre von Behaglichkeit und Frieden, dass mir ist, als fühlte ich sie noch heute. Ich sehe dies Zimmer deutlich vor mir mit seiner schneeweiß gescheuerten Holzdiele, den Messingklinken an den Türen, seinen Blumenstöcken am Fenster in der Sonne und dem leisen Duft von Kaffee, der die Frauen immer umgab.

Madame Zeschke saß meistens, wenn wir kamen, auf dem Fenstertritt am Nähtisch, nähte oder las mit einer Hornbrille auf der Nase in der Bibel, die sie weit von sich gestreckt hielt. Auf der anderen Seite am Fenster saß Frau Wiera: sauber, ernst, still, meist strickend, während ihr die Brille emporgeschoben auf der Stirn ruhte.

Madame Wiera starb zuerst. Madame Zeschke verlor ihr frohes Lachen, und bald trug man sie auch hinaus auf den Kirchhof. Andere alte Frauen saßen auf dem Tritt, strickten, sahen aus dem Fenster und horchten auf das

Schreien der »Dahlchen« im Garten. Wir aber trauerten um unsere alten Freundinnen und wollten nicht mehr ins Armenhaus gehen.

Wir waren richtige Spielkinder: bald spielten wir mit unserem schönen Baukasten, bald tauften, trauten, beerdigten wir einander, am liebsten aber spielten wir beiden Schwestern mit unseren Puppen.

Ich hatte eine Puppe, die ich grenzenlos liebte, wir nannten sie Idinka, mit ihr geschah etwas Schreckliches. Wir nahmen sie immer ins Bad mit, aber da ihr Leib aus Leder bestand und mit Sägespänen gefüllt war und wir sie nach dem Bade nicht recht trockneten, verfaulte sie bei lebendigem Leibe. Sie bekam einen bösen Geruch. »Ganz wie eine Leiche«, sagte Karl. Da fingen wir an, uns vor ihr zu fürchten, und berieten, wie wir uns ihrer entledigen könnten, denn meine Liebe zu ihr war vollständig gestorben. Karl hatte eine Idee, die wir auch sofort ausführten: wir pressten sie zwischen den großen Eckdiwan an die Wand, da verkam sie. Wir aber kamen uns wie Kindesmörder vor und wagten lange nicht, nach der Ecke hinzusehen, wo sie starb.

Wir mussten oft von unseren Sachen für arme Kinder etwas hergeben. Von meinen Spielsachen trennte ich mich leichten Herzens, aber der Abschied von meinen Puppen war mir ein heftiger Schmerz. »Wenn die armen Kinder sie auch nur gut behandeln«, sagte ich weinend, »wenn sie sie nur auch recht lieben werden!« Wie manches Mal habe ich mich in den Schlaf geweint vor Sehnsucht nach ihnen; besonders den Bein- und Armlosen und denen mit Löchern in den Köpfen galten meine heißesten Tränen. Aber die durfte Mutter nicht sehen, sie schalt dann und sagte: »Nur einen fröhlichen Geber hat Gott lieb.«

Ich war freudig bereit, Menschen, die ich liebte, alles zu opfern, aber Fremden schenkte ich nicht gern. Da gab es einen Brüderprediger, Herrn Kesper, den ich nur mit stillem Ingrimm kommen und bei uns wohnen sah. Das hatte seine Gründe: mein Vater gab seinen Gästen immer gern ein Gastgeschenk mit heim, und einmal hatte er beschlossen, wir sollten Herrn Kespers Kindern, die wir gar nicht kannten, etwas schicken. Da man immer nur das Beste fortschenken durfte, sollten es unsere schönsten Spielsachen sein. Karl musste einen Eisenbahnzug opfern, ich – o Jammer – einen Puppenwaschtisch mit durchsichtigem rosenbemaltem Waschgeschirr und Lisachen eine kleine Kuhherde. Wir durften damit nur am Sonntag spielen, und diese Herrlichkeiten sollten wir fremden Kesperkindern schenken! Karl und Lisachen waren bald durch Mutters Überreden für die Sache gewonnen, sie begeisterten sich unfasslicherweise für die unbekannten Kinder, und beide Geschwister gaben fröhlich ihren Besitz zum Einpacken hin. Nur ich saß mit einem düsteren Gesicht dabei und sah zu, wie meine Sachen, eine nach der anderen, verschwanden, mit einem Gefühl ohnmächtiger Wut gegen die bösen Kesper-Kinder, für die ich mich trotz Mutters begeisterten Zuredens nicht erwärmen konnte.

»Ich kenne sie ja nicht«, sagte ich ablehnend, »wie soll ich sie denn lieben und ihnen gern etwas schenken?«

Das erzürnte meine Mutter. »Du hast ein kaltes Herz«, sagte sie.

Ach, sie ahnte ja nicht, dass der Sonntag einen Teil seines Glanzes verlor, weil meine Puppen sich nicht mehr im rosenbemalten Waschgeschirr waschen konnten.

Dass Karl einmal Pastor werden sollte, stand längst fest. Er predigte uns und unseren Puppen und hielt Trau- und Taufreden, die er in kleine Hefte schrieb. Sie waren sehr streng, er gebot den Brautpaaren, ihr Vermögen nicht zu verprassen und ihre Kinder nicht zu verwöhnen. Wir hörten so oft von unserem Vater, Kinder dürften nicht verwöhnt werden, dass wir dachten, das wäre etwas Entsetzliches.

Im Sommer waren wir immer am Strand in einem Badeort, der Schmetzky hieß. Dort besaßen meine Eltern ein Häuschen mit großem Gartenland, mit Stallungen und Wirtschaftsgebäuden. Lang gestreckt und schmal, dicht von wildem Wein umrankt, lag unser Häuschen da unter hohem Strohdach, an beiden Dachgiebeln prankten Hirschgeweihe, und dicht hinter dem kleinen Park rauschte das Meer. Wir hatten große Freiheit, spielten oft stundenlang allein am Strand und verwuchsen mit dem Meer und mit dem Wald. Meine Mutter verstand es köstlich, sich an allem Schönen zu freuen, und weckte unser Verständnis für die Natur. Wir freuten uns an der Sonne, die in goldenen Lichtern auf dem Waldboden spielte, an den Farben des Meeres, wenn die Sonne unterging; und immer sang sie mit uns Lieder, die in all das Schöne hineinklangen.

Unser kleines, schmales Haus, das nur vier Zimmer und eine Bodenkammer hatte, bot immer Raum für Gäste; es wurde für sie irgendwo ein Lager bereitet. Sie waren glücklich und meine Eltern mit ihnen. Mutter schaffte fröhlich und unermüdlich, dass alles sein Behagen fand, an sich dachte sie dabei nie, denn für Gäste gab ein Balte in alter Zeit alles hin. Ja, meine Mutter erzählte, dass sie manchmal ohne Matratze, Decke und Kopfkissen geschlafen hatte mit einem Heusack unter dem Kopf, weil alles an Gäste fortgegeben war. Ich kann mich nicht erinnern, bei diesem oft stürmischen Leben, bei den großen Anforderungen, die an sie gestellt wurden, bei der großen Arbeit, die sie zu leisten hatte, meine Mutter anders als strahlend und froh gesehen zu haben. Nie versank sie in Wirtschaftssorgen; ihr Geistesleben war so stark, dass es wie auf Flügeln über allem hinrauschte.

Es war ein herrliches Leben für alle Hausgenossen. Erwachsene und Kinder! Am Vormittag wurde gebadet, nachmittags schlief man im Heu oder am Strand in den Dünen, abends saß man am Meer, zündete dort auch wohl ein Feuer an und sang Quartette bis tief in die Nacht hinein.

Ständige Sommergäste waren Verwandte aus Petersburg, die Familie eines Onkels, General Lemm, der mit seiner Frau und seinen erwachsenen Kindern viele fröhliche Wochen bei uns verlebte. Wir hatten eine große Scheu vor ihm, erstens, weil er General war, was bei uns mit dem Begriff Krieg und Totschießen zusammenhing, dann aber auch, weil ein großer Ernst über seinem Wesen lag, der uns einschüchterte. Er stellte auch Lebensregeln auf, die wir nicht gern hörten; zum Beispiel wenn es am besten schmeckt, muss man aufhören zu essen.

Umso lieber war uns aber der Vetter Daniel, sein jüngster Sohn, ein lustiger Student, dessen Lachen und frohe Lieder mir noch heute im Herzen klingen. Er sang vom kleinen Mann, der eine große Frau genommen, dem es aber dabei sehr schlecht erging, denn sie schlug ihn mit einem Löffel auf den Kopf. Er sang vom lustigen Musikanten, der am Nil spazieren ging, bis er vom Krokodil gefressen wurde. Wir Kinder konnten gar nicht den Refrain erwarten, in den wir jubelnd mit einstimmen durften: »O tempores, o mores, wer weiß, wie das geschah!«

Wenn mein Onkel da war, lag immer ein gewisser Druck auf allen, denn er lebte ein strenges Christentum und forderte eine gleiche Strenge von allen. Seine erwachsenen Kinder hatten bei aller Liebe einen großen Respekt vor ihm. War er fort, so war es wie ein leises Aufatmen, durchs ganze Haus erklang dann von früh bis spät Lachen und Jubeln. In einer Sommerzeit lasen die Erwachsenen »Ut mine Stromtid«. Es wurde uns Kindern manchmal ganz unheimlich, wie sie dabei lachten, stundenlang, dass es weit hinaus in den Garten schallte.

Gibt es noch jetzt in der Welt solche Ferienzeiten, wie wir sie damals erlebten? Gibt es jetzt noch solche Menschen, die so liebevoll, heiter und großzügig, so sorglos feiernd miteinander leben wie damals bei uns in den Sommertagen?

Mein Vater konnte nur wenig an dem geselligen Leben teilnehmen, sein Beruf hielt ihn in der Stadt fest. Aber er kam doch jede Woche einmal herausgefahren, mit seinem kleinen Wägelchen und unserem dicken, braunen Pferdchen, Waska genannt. Seine Ankunft war immer ein Festtag fürs ganze Haus. Wir gingen ihm durch den Wald entgegen mit Blumen in den Händen, und immer wartete eine Überraschung auf ihn. Er strömte eine unendliche Behaglichkeit in diesen kurzen Ferientagen aus, wir Kinder verloren ganz die Scheu vor ihm. Er war voller Frohsinn, pflanzte und grub in seinem Garten, ging mit uns spazieren und freute sich über seine Gäste.

Einen Glanzpunkt in unserem Sommerleben bildete mein Geburtstag; da kamen sie alle aus der Stadt angefahren, die Freunde, in langen Liniendroschken, die mit Birkenlaub geschmückt waren. Unter den Bäumen im Garten war die Mittagstafel gedeckt, Kinder und Erwachsene trugen Kränze im Haar, und abends saß man am Strand, sang, trank Bowle, ein großes Freudenfeuer wurde angezündet und ein Feuerwerk abgebrannt. Wir Kinder durften aufbleiben und sahen mit Schauern und Wonne die Raketen emporsteigen, niedersinken und im Meer verlöschen.

Das zweite große Ereignis im Sommer war der Besuch des ganzen Waisenhauses, einer Gründung unseres Vaters. Es waren meist über dreißig Personen, die meine Eltern einen ganzen Tag und eine Nacht beherbergten. Sie schliefen auf dem Heuboden, in der Wagenremise und in der Waschküche, einige sogar im Wald draußen. In den großen Kesseln wurde das Essen im Freien gekocht; strahlend glücklich gingen meine Eltern von einem zum anderen und freuten sich über das Verschwinden der riesengroßen Essvorräte.

Wir waren im Ganzen sehr artige Kinder, dumme Streiche lagen uns fern. Umso erschütternder wirkte folgendes Ereignis: Als wir einmal am Strand spielten, überredete uns Bruder Karl, wir sollten versuchen, im Meer die zweite Sandbank zu erreichen. Wir waren noch nie so tief ins Wasser hineingegangen, denn die zweite Sandbank war uns beim Baden streng verboten. Karl aber erklärte uns etwas verworren die Gesetze von Ebbe und Flut, die die Ostsee gar nicht kennt. Am Nachmittag, sagte er, sei Ebbe, da sei alles erlaubt, was am Vormittag verboten sei. Wir machten uns auf den Weg, nahmen Lisachen in unsere Mitte und stapften mutig mit Kleidern und Stiefeln ins Meer. Das Wasser stieg immer höher, ich wurde ängstlich, doch Karl trieb uns unerbittlich weiter. Nun reichte das Wasser bis an den Hals, da hörten wir vom Strand her Vaters entsetzte Stimme. Es war ein Glück, dass er kam, die Sache hätte sonst schlimm für uns enden können. So kehrten wir denn eilig um und standen bald triefend am Ufer. Es war ein trauriger Zug, als Vater mit uns heimkam. Wir weinten laut, das Wasser floss uns aus Kleidern und Stiefeln, wir froren, und Vater schalt unausgesetzt. »Was habt ihr euch nur gedacht?« fragte Mutter immer wieder voller Aufregung.
»Gar nichts«, war unsere unter heißen Tränen gegebene Antwort. In diesem Sommer fiel auch die erste bewusste Lüge meines Lebens. Vater wurde aus der Stadt erwartet, wir hatten fünf Erdbeeren gefunden, die auf einen geschmückten Teller gelegt wurden; sie sollten ihn erfreuen. Eine von ihnen, klein und halb zerdrückt, hatte ich genommen und in meinen Mund gesteckt. Karl entdeckte sofort die fehlende Beere und forschte danach, wer sie genommen hatte. Ich schwieg. Auf Mutters direkte Frage antwortete ich klar und fest: »Ich nahm sie nicht.«
Ich weiß es noch, als wäre es heute geschehen, wie gedrückt ich in den Garten zum Spielen ging und wie

ich mich zu überreden suchte, dass ich die Beere gar nicht genommen hätte. Ich betete, Gott möchte meine Sünde ungeschehen machen, da er allmächtig sei, könne er es ja. Aber unerbittlich, klar und unumstößlich stand die Wahrheit vor mir: Du hast gestohlen und gelogen! Mutter, der meine Niedergeschlagenheit auffiel, rief mich. Ich musste meinen Mund öffnen, die Beere lag noch darin, ich hatte nicht gewagt, sie zu verschlucken Da nahm Mutter mich an der Hand, führte mich ins Schlafzimmer und sagte: »Die Lüge ist etwas Niedriges, weil sie feige ist; und für niedrige Vergehen muss man auch niedrige Strafen haben. Jetzt musst du die Rute bekommen.«
Meine Verzweiflung darüber rettete mich nicht, ich erhielt meine Rutenhiebe. Ich bin noch heute der festen Überzeugung, dass es nicht richtig war, ein Kind von so ausgesprochenem Ehrgefühl und Stolz zu schlagen. Als ich viele Jahre später mit meiner Mutter darüber sprach, gab sie mir Recht. »Du warst seitdem ein tadellos artiges Kind«, sagte sie, »und mein wahrhaftigstes.«
Es sind mehr als sechzig Jahre seit dieser Exekution vergangen, aber ich weiß noch heute, wie verstört meine kleine Seele damals war. Meine Mutter küsste mich, sagte, nun sei alles gut, sie habe mir verziehen, und ich dürfte wieder fröhlich sein! Mich erfüllte vor allem ein Gefühl des Staunens, ich verstand meine Mutter gar nicht. Ich sollte fröhlich sein, nachdem ich das erlebt? Der Schmerz war nichts, meiner Mutter Tränen waren nichts, denn über allem stand die Schmach, die ich erlitten, und in diesem Gefühl der Schmach versank alles andere. Mutter ging fort, und ich stand am Fenster und blickte hinaus; wie schwer kann ein Kind doch leiden, wie ratlos traurig kann es sein! Alles steht mir noch vor Augen, alles fühle ich noch heute! Eine kleine Weide stand vor dem Fenster, die der Wind hin und her zerrte, und in der Ferne donnerte das Meer. Alles war

traurig, und eine Ratlosigkeit sondergleichen erfüllte mein Herz.
Ein Malerbursch, mein großer Freund, der auf dem Hof arbeitete, kam vorsichtig ans Fenster. »Du bist gehauen worden«, sagte er teilnehmend, »mach dir nichts draus! Wenn du wüsstest, wie oft mein Vater mich verhaut. So etwas muss man nicht übel nehmen.«
Wie lange diese Gefühle in mir lebendig waren, weiß ich nicht, aber eins weiß ich, dass bei jeder Versuchung zur Unart, wie mit Flammenschrift geschrieben, diese Stunde vor meiner Seele stand; und der Gedanke, dies alles noch einmal erleben zu müssen, genügte, mich artig zu machen. Ich muss leider gestehen, dass nicht die Erkenntnis meines Unrechts mich auf dem Pfad der Tugend erhielt, sondern nur die Furcht, die Schmach noch einmal zu erleben.
Eines Tages hatten wir den Plan gefasst, in einer verborgenen Ecke unseres Gartens einen Platz einzurichten, wo wir beten könnten. Karl, sonst der geistige Leiter solcher Veranstaltungen, war verreist, da nahm ich die Sache in die Hand. Es waren einige Kinder aus der Nachbarschaft dabei, die sich ebenso glühend für unseren Plan begeisterten wie wir. Nun säuberten und fegten wir die Stelle, die wir uns ausgesucht hatten, machten Moossitze, schleppten weißen Sand herbei, mit dem wir den ganzen Platz bestreuten. Was wir an bunten Steinen, Muscheln und Glasstücken finden konnten, verwandten wir zum Schmuck dieser heiligen Stätte. Endlich war es so weit, dass die Einweihung stattfinden konnte, und der erste feierliche Gottesdienst sollte gehalten werden.
Die jüngste Schwester unserer Kameraden, die kleine Natascha, sollte ausgeschlossen werden, weil sie zu klein und darum unwürdig war. Sie flehte mit gerungenen Händchen, man sollte sie nicht verwerfen, sie wolle alles genauso machen wie wir, da wurde es ihr gestattet zu bleiben.

Feierlich, mit einer kleinen Glocke läutend, zogen wir hin, setzten uns auf die grünen Moossitze und beteten still für uns. Aber was nun? Wir wurden verlegen. »Jetzt müssen wir doch singen«, sagte ich, die peinliche Stille unterbrechend.
Wir sangen einen Choral. Wie soll es nun aber weitergehen? dachte ich angstvoll. Plötzlich hatte ich die größte Lust zu lachen, erschrak aber selbst vor diesem blasphemischen Gelüste. »Natascha, du bist die Kleinste, du musst beten!« sagte ich streng. Mit zitterndem Stimmchen sprach sie gehorsam ihr kleines Abendgebet.
Wenn man nur wüsste, was man jetzt tut, überlegte ich bedrückt. Da rettete mein Schwesterchen die Situation, denn sie ging immer tapfer ins Zeug und schreckte vor keiner Aufgabe zurück. Sie beugte ihr dunkles Köpfchen und betete laut. Ich kann mich leider des Inhalts dieses Gebets nicht entsinnen. Als sie schwieg, waren wir wie erlöst, sangen laut »Segne und behüte«, läuteten wieder mit der kleinen Glocke und gingen erleichtert auseinander. Wir sagten wohl, dass es wunderschön gewesen sei, aber trotzdem hatte keiner den Wunsch, wieder einmal eine Gebetsversammlung vorzuschlagen.
Ein Ereignis, das einen tiefen Eindruck bei uns allen hinterließ, war der Besuch meines Onkels Hermann Hesse aus Weißenstein mit seiner ganzen Familie. Sie kamen in einem großen, grünen Planwagen direkt durchs Land gefahren, die Reise hatte mehrere Tage gedauert. Mit einem ganz besonderen Jubel wurden diese Verwandten von meinen Eltern begrüßt. Wie sie alle in dem Planwagen Platz hatten, ist mir noch jetzt ein Rätsel. Aber sie kamen wirklich alle aus der kleinen Tür heraus: Onkel Hermann, Tante Adele, Kusine Jenny und die drei Vettern: Hermann, Gustav und Georg. Ein Strom von großer Freude, Sonne und Leben ging mit ihnen in unser Haus. Wo sie in unserem kleinen Haus alle unterkamen, wo sie lebten, wo sie schlie-

fen, ist mir unerklärlich. Die Vettern und Bruder Karl schliefen auf einer »Brasse«; so wurde bei uns ein Strohlager genannt, das auf dem Fußboden bereitet war. Wie ein Traumbild sind die ersten Eindrücke dieser später so heiß geliebten Verwandten in mir nur halb wach. Erinnerlich ist mir nur, als hätte ich Onkel Hermann mit einem Strahlenkranz ums Haupt gesehen. Er atmete geradezu Freude und Liebe aus, und um ihn war Freiheit.
Zuerst fürchtete ich mich vor den Vettern, denn es waren wilde, verwegene Knaben, ganz besonders der Jüngste, Georg. Er war ein prächtiger Bursch mit goldenen Locken, voller Lustigkeit und toller Streiche. Gleich am ersten Tag erklärte er mir: »Ich reiß dich in Stücke, wenn du nicht tust, wie ich will!« Da er sehr stark war, glaubte ich, er würde seine Drohung buchstäblich ausführen.
Meine Mutter hatte einen ausgesprochenen Sinn für Freundschaft und mein Vater hatte seine Freude daran. Es war ein großer Kreis besonderer Frauen, die meine Mutter umgaben, darunter ganz hervorragende Persönlichkeiten. Die Liebste war uns Lina Kramer, denn sie war die Einzige von den Freundinnen meiner Mutter, die für uns Kinder Verständnis hatte und sich bezaubernd mit uns beschäftigte. Es war ein Gemisch von Trauer und Heiterkeit, von scharfer Kritik und verträumtem Künstlertum in ihr. Wie oft wachte sie an unseren Krankenbetten, und in manch einer Fiebernacht waren ihre dunklen Augen und ihr gütiges Lächeln unser Trost.
Die Bedeutenste unter meiner Mutter Freundinnen war aber doch wohl eine estländische Aristokratin, die einen Polen geheiratet hatte, Elisabeth von Gutzkowsky. Jeden Frühling kam sie aus Petersburg auf ihrer Ferienreise nach Estland in einer großen Kutsche mit ihren Kindern bei uns angefahren, von meiner Mutter mit unbeschreiblicher Freude und von meinem Vater mit

großer Ehrfurcht empfangen. Sie war eine vornehme Erscheinung, und wenn ich das Eichendorffsche Gedicht »Der Gärtner« von der »vielschönen, hohen Fraue« lese, sehe ich ihr Bild vor mir. Groß und schlank mit stolzer Haltung, herrlichem, gelocktem Blondhaar und einem eigentümlich herben Zug um den Mund, so lebt sie in meiner Erinnerung. Dieser herbe Ausdruck, der sie nicht einmal beim Lachen verließ, flößte mir eine große Scheu ein.

Sie hatte wenig Sinn für uns Kinder, denn beim Zusammensein mit meiner Mutter hatten diese beiden seltenen Frauen so viel miteinander zu teilen, dass kaum für etwas anderes Raum blieb. Sie war sehr geistvoll, beherrschte sieben Sprachen, dichtete und redete so schön, dass wir an ihren Lippen hingen, auch wenn wir sie nicht verstanden.

Die unbeschreibliche Güte, die starke Liebeskraft und Treue dieser Frau sind mir erst in späterem Alter aufgegangen, wo sie nach dem Tode meiner Mutter mir ihr ganzes Vertrauen und mütterliches Verstehen schenkte. Das bedeutete für mich durch Jahre meines Lebens einen großen Reichtum.

Wie alt ich war, als ich zur Schule kam, weiß ich nicht; meinen ersten Unterricht empfing ich in der Armenschule, die meine Mutter in unserem Haus eingerichtet hatte. Das einzige große Zimmer wurde dafür geopfert, und alle Schüler mussten durch unsere Küche wandern. Solche Unbequemlichkeiten aber bedeuteten in den Augen meiner Eltern nichts, wenn es galt zu helfen.

Die Lehrerin, die nach alter Art mit dem Stab »Wehe« regierte, hieß Mamsell Weise. Mein Schwesterchen hatte so lange gefleht und gebeten, bis sie die Erlaubnis erhielt, mich in die Schule zu begleiten. Ganz stolz stiegen wir die Treppe zum Schulzimmer empor, das uns fremd und feierlich erschien. Unterm Arm hatten wir unsere kleinen Tafeln mit zwei langen Schnüren daran, an der einen Schnur hing der Schwamm, an der

anderen der Griffel. Wir erwarteten, Herrliches zu erleben, stattdessen geschah aber etwas ganz anderes: die immer freundliche Mamsell Weise erhob ihre Stimme so hart und scharf, wie wir sie noch nie von ihr vernommen. Sie sagte mit dieser grellen Stimme zornige Worte, die mich erstaunten, weil niemand etwas Böses getan hatte, und schloss damit, dass alle artig und fleißig sein müssten. Dann schrieb sie Zahlen auf die Tafel, zu denen sie eine Erklärung gab, die ich jedenfalls in keiner Weise begriff. So böse und schrill klang ihre Stimme, dass ich zuerst voller Furcht war, dann aber mich völlig verhärtete und fest beschloss, nicht zu lernen, wenn sie so wäre. Jede Erklärung schloss Mamsell Weise mit den Worten: »Nun, ihr Strohköpfe, habt ihr endlich begriffen?«
Wir stürzten, als die Schule zu Ende war, in höchster Aufregung zu Mutter. »Mamsell Weise ist in der Schule so wütend, wie du es dir gar nicht denken kannst«, riefen wir aufgeregt.
Mutter sprach mildernde Worte, und da in unserer Jugendzeit Lehrer nie Unrecht hatten, meinten wir beruhigt, es müsse so sein. Mir ist's aber, als wären diesem ersten Schultag nicht viele gefolgt, und ich lernte zu Hause bei Nadinka, bis ich in die Schule kam.
O unvergessliches entsetzliches erstes Mal, als ich, mich an Mutters Hand klammernd, in die Klasse kam! Viele kleine Mädchen saßen schon auf den langen schwarzen Bänken an den langen schwarzen Tischen. Ich musste Mutters Hand loslassen, und mir wurde ein Platz angewiesen. Ich hatte das Gefühl, als ob ich in einem Meer von Einsamkeit und Verlassenheit versank, denn meine Mutter nickte mir ermutigend zu und ging aus der Tür. In meiner Aufregung setzte ich mich verkehrt auf meinen Platz, was ein allgemeines Gelächter hervorrief, und dieses Lachen brannte wie eine Schmach auf meiner Seele. Wie dieser furchtbare Tag endete, weiß ich nicht mehr.

Ich war ein sehr schlechtes Schulkind, weil ich durchaus nicht begriff, was man von mir wollte, und ich lernte meine Aufgaben nie, weil ich nicht zu lernen verstand. Mein Vater war damals gerade schwer erkrankt, und Mutter konnte sich gar nicht um uns Kinder kümmern. Sie hatte auch nie eine Schule besucht, nie diszipliniert gelernt, bei der genialen Art ihrer Begabung war ihr alles zugeflogen. So ahnte sie gar nicht, was für eine unüberwindliche Schwierigkeit für ein Kind, wie ich es war, das Lernen in einer großen Schule sein musste. Ich wurde gescholten und ermahnt, da mich aber keiner das Lernen lehrte, wurde es nicht besser mit mir. Ich wollte ja gern ein fleißiges Kind sein und meinen Eltern Freude bereiten. Aber wie dazu gelangen?
Namentlich das Französische war mir ein dunkles Geheimnis, in dessen Tiefen zu dringen ich von vornherein aufgab, weil es mir hoffnungslos erschien. Unsere Lehrerin war eine Freundin meines Elternhauses, wir liebten sie sehr. Aber seltsam! Kaum kam ich zu ihr in die Klasse, vollzog sich dieselbe Verwandlung mit ihr wie mit Mamsell Weise. Sie war streng, sprach mit einer fremden Stimme und rückte mir plötzlich ganz fern; sie schalt viel in der Stunde, sodass sich bald ein Abgrund zwischen mir und ihr öffnete, den ich als Furcht erregend empfand. Ich lernte nie, wusste nicht, was ich sollte, und galt bald für unbegabt und verstockt.
Eines Tages brach nun das Gericht über mich herein, ich hatte beim Abfragen der Vokabeln: la Pferd, das Pferd und la Kirsch, die Kirsche gesagt. Das war zu viel! Ich wurde vor der ganzen Klasse beschämt und musste nachsitzen, und zwar wurde ich an ein Fenster in der ersten Klasse gesetzt, wo meine besten Freundinnen, hochverehrte Backfische, saßen. Die Stunde begann, und ich sollte dabei lernen, wie das Pferd und die Kirsche nun wirklich im Französischen hießen. Ich saß mit dem Gefühl der unauslöschlichen Schmach da,

ich dachte an Vater und Mutter und welche Schande ich für sie sein müsste. Meine Freundinnen nickten mir wohl hinter dem Rücken der Lehrerin ermunternd zu, aber ich beachtete es nicht und sah nur auf meine Lehrerin mit Furcht und grenzenloser Abscheu. Da unterbrach sie plötzlich die Stunde mit der Frage, ob ich meine Vokabeln fertig gelernt hätte. In meiner tiefen Erniedrigung konnte ich keinen Laut hervorbringen. Sie machte eine spöttische Bemerkung, die Klasse lachte, und ich brach in Tränen aus. Die Backfische lachten grausam weiter, da artete mein Weinen in wildes Geschrei aus, das sich in keiner Weise stillen ließ, sodass ich – o Jammer! – aus dem Zimmer geführt werden musste! Nie vergaß ich diese Stunde, noch jetzt fühle ich ihr Leid, ganz so wie Rutenhiebe, die meine Mutter mir einst gab. Diese beiden Stunden gehören zum Bittersten, was ich in meiner Kinderzeit erlebte; auf lange Zeit verstörten sie meine Seele.

Um meiner Faulheit und Verstocktheit ein Ende zu machen, wurde ich zur Besserung meiner Schulvorsteherin anvertraut, bei der ich täglich unter Aufsicht lernen musste. Gesegnet sei diese liebevolle Frau, die den Schlüssel zu meinem Herzen fand! Sie schalt nie, sie glaubte an mich und mein ehrliches Wollen und lehrte mich lernen. Dafür öffnete ich ihr vertrauend mein Herz, und mit einem Mal begriff ich, was ich sollte. Ein glühender Eifer erfüllte mich, die Schule wurde meine Welt und die Lernzeit meine liebste Zeit am Tag. Aus dem faulen, widerspenstigen Kind war ein tadelloses, braves Schulkind geworden. Unsere Lehrer machten es uns nicht immer leicht, als wir Kinder waren.

Die Krankheit meines Vaters hatte bald eine sehr ernste Wendung genommen, und auf unserem sonnigen Haus lagen dunkle Schatten. Es war ein schweres Herz- und Lungenleiden, an dem er hinsiechte. Unser alter Doktor hat es oft ausgesprochen, dass mein Vater hätte genesen können, wenn er nicht mit ganzer Seele nur an seinen Heimgang gedacht hätte. »Meine Seele hat Gottes Ruf vernommen«, hatte mein Vater zu ihm gesagt, »ich muss ihm folgen.«

Wohl kam der Schmerz oft über ihn, von seinem späten Lebensglück scheiden zu müssen, allmählich aber schwieg auch das, und nur der eine Gedanke lebte in ihm: Jesus ruft, ich komme. Still und tapfer litt er unendliche Qualen, aber ohne Klage ging er den bitteren Todesweg. »Er litt wie ein Christ«, sagten alle, die an diesem Sterbebett standen.

Vor seinem Tod rief er mich an sein Bett, er sagte mir, dass er sterben müsste und dass unsere Mutter nach seinem Tod sehr arm sein würde. Wenn ich erwachsen sei, müsste ich für sie arbeiten und verdienen. Vor allem aber dürfte ich nie vergessen, dass mein Schwesterchen ganz meiner Sorge anvertraut wäre, sie würde nie gesund sein, würde nie arbeiten können, und ich dürfte sie nie verlassen. Ich müsse immer zuerst an sie denken, dann erst an mich, so würde Gottes Segen auf meinem Leben ruhen. Ich war damals erst neun Jahre alt, zart und schüchtern, aber gewissenhaft und nachdenklich, vielleicht noch zu klein für solch eine schwere, ernste Verantwortung. Ich sehe mich im Krankenzimmer stehen, das Herz erfüllt von Jammer und Grauen, ich höre noch Vaters gequälte Stimme, die so mühsam zu mir sprach. »Versprich es mir«, sagte er, und ich versprach es. Doch war ich nicht weich dabei, starr und wie gelähmt stand ich an die Wand gedrückt, das Grauen des Todes hatte mein armes, kleines Herz gelähmt. Aber ich war fest entschlossen, mein Leben für mein Schwesterchen zu opfern.

Nach diesem Tag wurde es immer schlimmer mit unserem Vater. Ich überlegte still für mich, wann ich wohl anfangen müsste zu verdienen. Eines Abends vertraute ich diese Sache Lisa an, und wir erwogen sie gemeinsam; wir beschlossen, ich sollte kleine Kinderhauben

nähen, die eine Freundin von uns, ein vierzehnjähriges Russenmädchen, verkaufen müsste. Als Mutter abends kam, um uns Gute Nacht zu sagen, sagten wir, sie solle nicht traurig sein, wenn Vater stürbe und wir ganz arm sein würden, ich würde genug Geld verdienen, wir wüssten auch schon, auf welche Weise. Mutter brach in Tränen aus, küsste uns und ging aus der Tür.
Am anderen Tag, ganz früh, kam sie zu uns ins Zimmer. Ihr Gesicht war weiß und ganz still. Sie weinte nicht, als sie sagte: »Kinder, Vater ist heute Nacht gestorben.«
Sie saß an unseren Betten und erzählte uns, wie gut er es jetzt habe, er könne frei atmen und Gott mit allen Engeln preisen. Als wir später zu ihm geführt wurden, lag er schon im Sarg in seiner Amtstracht: still und feierlich, Ehrfurcht gebietend wie nie im Leben.
Nun kamen aufregende Tage für uns, die ganze Gemeinde kam, um ihren Pastor noch einmal zu sehen. Zweier Gemeindeglieder erinnere ich mich, die in ihrem Schmerz meine Kinderseele bis in ihre Tiefen erbeben ließen: der eine war ein blinder Mann, der mitten in unserem Saal niederkniete und beide Hände weit ausstreckte, wobei Tränen aus seinen erloschenen Augen strömten. Mutter nahm ihn sanft bei der Hand und sagte: »Hier liegt er nicht, ich werde Sie zu ihm führen.« Sie ließ seine Hand nicht los, bis sie sie auf Vaters kalte Hände legte. Dort stand er gebeugt, weinend, immer nur das eine murmelnd: »Wer wird nun für mich sorgen? Wer wird sich meiner erbarmen?« Der zweite war ein Trinker, ein Maler, Herr Jerding, um den mein Vater sich unendlich bemüht hatte. Er war ein genialer Mensch, voller Verstand und Witz, durch den Trunk aber vollständig verkommen. Als Vater einmal ganz verzweifelt war, sagte er: »Jerding, wie soll ich einst vor Gottes Thron erscheinen, was soll ich Gott antworten, wenn er Ihre Seele von mir fordert? Sie sind doch mein Gemeindeglied.«

Da antwortete der Mann tröstend: »Sorgen Sie sich nicht darum, lieber Herr Pastor. Sagen Sie es nur ganz dreist dem lieben Herrgott: Ich habe alles getan, was ich konnte; aber Jerding, das Luder, hat nicht gewollt.« Dieser Mann stand an Vaters Sarg: blass, verstört, mit bebenden Lippen. Er erhob seine Hand feierlich und sagte laut: »Ich verspreche es Ihnen, Herr Pastor, ich werde nie mehr einen Tropfen Schnaps trinken.« Er hielt sein Wort; doch war sein Körper schon zu zerstört, er ging elend zugrunde.

Ein Jahr nach Vaters Tod blieben wir noch in unserem Pastorat. Es kam ein junger Pastor an seine Stelle, der ganz bei uns lebte. Wir Kinder liebten ihn nicht, wir sahen ihn wie einen Eindringling an, denn es war zu traurig, dass ein Fremder in meines Vaters Studierzimmer saß und dass ihm nun alles gehörte: die Kirche, der Küster, der Kirchendiener und die Kanzel. Wie ein Traum, so eindrucks- und wesenslos, ist dies Jahr an mir vorübergezogen. Nur das Leben in der Schule mit den Lehrerinnen, die ich liebte, und mit meinen Mitschülerinnen steht noch in hellem Licht vor mir. Ich war ein richtiges Schulkind geworden und hätte am liebsten den ganzen Tag in der Schule verbracht.

Ein aufregendes Ereignis mit einer meiner Schulfreundinnen fiel in diese Zeit. Diese Freundin war eine Russin, die mich heiß liebte, doch erwiderte ich ihre Gefühle nur mit einer gewissen Zurückhaltung. Sie schwor mir oft, dass ich ihre liebste Freundin sei, ich wurde ihrer Versicherungen überdrüssig und verlangte Taten zu sehen. Ich wollte einen Beweis ihrer Freundschaft haben, und sie erklärte sich zu allem bereit. Da forderte ich, sie solle ein Tintenfass, mit Tinte gefüllt, austrinken, und sie war auch sofort dazu entschlossen. In der Zwischenstunde sollte dies Opfer auf dem Altar der Freundschaft gebracht werden. Die ganze Klasse nahm teil. Die Mitschülerinnen bildeten einen Kreis um uns, kaltblütig reichte ich ihr das bis an den Rand gefüllte Tintenfass, sie setzte es an und trank es leer. Die Folgen waren furchtbar! Sie stürzte auf den Fußboden, spuckte Ströme von Tinte, besudelte ihr Kleid und die Diele, schrie und tobte; ich war versteinert vor Schreck.

Am anderen Tag kam die Mutter in die Schule, ein dickes Russenweib, und verlangte etwas Ähnliches wie meine Hinrichtung. Ich wurde nicht gestraft, meine Schulvorsteherin fragte mich nur vor der ganzen Klasse, ob ich meiner Mitschülerin im Ernst zugemutet hätte, die Tinte zu trinken, oder ob ich nur gescherzt hätte.

Ich erhob mich von meinem Platz und sagte mit zitternder Stimme: »Nein, ich wollte im Ernst, sie sollte sie trinken.«

»Warum denn nur?« fragte sie erstaunt.

»Ich wollte sie auf die Probe stellen. Sie sprach immer davon, dass sie mich so sehr liebte. Nun wollte ich sehen, ob sie auch ein Opfer bringen könnte.«

»So etwas tut man nicht«, sagte meine kluge Erzieherin, »denke nur, wie traurig für dich, wenn sie nun durch deine Schuld krank würde.«

Das Jahr, das wir noch im Pastorat verbringen durften, ging bald vorüber, und es kam Trennung von allem, was bisher zu unserem Leben gehörte. Es gab damals keine Eisenbahn in unserer Heimat, in Fuhren wurden unsere Sachen verpackt und viele hundert Werst durchs Land geschickt. Riga, die alte Heimatstadt meiner Mutter, sollte nun auch unsere Heimat werden. Im Haus unseres Großvaters hatte meine Mutter eine kleine Wohnung gemietet. Was wir aus Narva nicht mitnehmen konnten, kam zur Versteigerung. Ich erinnere mich deutlich der schreienden Stimme des Auktionators und des harten Aufschlagens des Hammers. Ich hatte eine kleine Puppenwiege in den Garten gerettet, die auch unter den Hammer kommen sollte. Fest hielt ich sie in den Armen, aber Nadinka, die mich so fand, nahm sie mir wieder fort, die könne man nicht verpacken. Es wurden mit uns nicht viel Umstände gemacht, wir mussten uns früh überwinden lernen und uns der Notwendigkeit fügen.

Und dann kam der Tag des Abschiedes. Wir wurden in unsere alte Reisekutsche gepackt, Nadinka und Njanja sollten uns noch ein Stück Weges begleiten, bis vor die Stadt hinaus. Ich hatte bestimmt geglaubt, dass alle Glocken zu unserer Abreise läuten würden wie zu Vaters Beerdigung. Aber es blieb alles still.

So fuhren wir ab. Noch einen Abschiedsblick warfen wir auf unser Pastorat, das im strahlenden Sonnenlicht dalag. Vor dem Waisenhaus hielten wir und stiegen aus unserer Kutsche. Alle Anstaltskinder in ihren Festkleidern erwarteten uns. Viele Freunde und eine Schar Armer waren gekommen, um uns noch einmal zu sehen. Der alte Waisenvater hielt eine Andacht; alles weinte. Dann wurden wir hinausgeleitet und nahmen jammernd von Njanja und Nadinka Abschied. Die Waisenknaben sangen ein Lied, wir wurden wieder in unseren Reisewagen gehoben, und der Kutscher hieb auf die Pferde ein.

»Nun, Kinder, seht euch noch einmal nach unserem Kirchturm um«, sagte Mutter.

Wir taten es – dann ging es der neuen Heimat entgegen. Ein neues, ganz anderes Leben lag nun vor uns.

Mein Onkel Hermann

WIDMUNGSBLATT

Aus unsern fernen Jugendtagen reden
Zum Herzen Klänge, die kein Misston stört,
Es ist der wundersame Garten Eden
Des Glücks, nach dem das Menschenherz begehrt.
Es spricht die Heimatsprache, welche Jeden
Mit ihrer sel'gen Lebenskraft betört,
Wenn wir im späten Herbstduft der Reseden
Der Rosentage denken, die kein Leid beschwert,
Wo Gott uns aus dem Zauberbuche heil'ger Veden
Die Liebesherrlichkeit einst seiner Welt gelehrt,
Die immer noch im Bann uns hält mit goldnen Fäden,
Wenn sie so schön wie damals auch nie wiederkehrt.

*Dorpat, 5. Juni 1921*     *Karl Hunnius*

## GELEITWORT

*Dieses Buch erzählt Stücke aus einem Sagenkreise, der mir aus frühesten Kinderjahren vertraut ist. Der Onkel Hesse dieses Buches, »der alles fortgibt«, ist mein Großvater gewesen, und die schönsten Geschichten, die ich als Kind gehört habe, waren die, die mein Vater uns von ihm und von seiner Heimat Weißenstein erzählte. Ich habe den Großvater, sein Städtchen und sein Haus, seinen Garten mit dem Ahorn und den grünen Bänken nie mit Augen gesehen, aber ich kenne sie genauer als viele Städte und Länder, die ich wirklich gesehen habe. Und obwohl ich nie ein Freund des historischen Denkens war und mich nie mit der Geschichte meiner Herkunft befasst habe, ist dieser prachtvolle Großvater mir stets ein nah vertrauter Mensch gewesen.*

*Es sind alte Geschichten, die dies Buch erzählt, sie geschahen in einer Welt, die nicht mehr ist. Sie kommen aber aus einem lebendigen Munde und aus einem dankbaren Herzen, und sie bewahren das Gedächtnis unvergänglicher Liebe, unvergänglichen Menschtums auf. Ein Urteil über sie steht mir nicht zu, sie gehen mich allzu nahe an. Ich liebe sie, weil sie ein Stück edlen Lebens nicht zu Literatur verarbeiten, sondern rein und treulich weitergeben wollen. Sie sind Geschwister jener Erzählungen, die ich als Kind aus meines Vaters Munde hörte, und ihr Quell und Mittelpunkt ist der alte Doktor Hesse, ist ein seltener, strahlender und guter Mensch, wie es auch damals wenige gab.*

*Hermann Hesse*

Fast ein jeder Balte hat außer der großen Liebe zu seinem Heimatland noch eine ganz besondere Liebe zu einem Fleckchen Erde in dieser Heimat, das er als kostbares Gut in seinem Gedächtnis bewahrt. Wohl wird es in erster Linie die Stätte sein, wo er geboren ist. Aber außer dem Elternhaus ist es im Leben der meisten doch noch ein anderer Ort auf dem Lande, ein Pastorat, ein Gut, eine Forstei oder eins unserer lieblichen Landstädtchen, wo man seine Sommerferien als Gast verbrachte und an dem das ganze Herz hängt. Wenn auch der Existenzkampf, der selten bei uns in den letzten Jahrzehnten härter wurde, die früher so selbstverständliche Gastfreundschaft einschränken musste: ich habe in meiner Kindheit und Jugend noch die breite Lebensführung der alten Baltenzeit erlebt, in der man im grünen Planwagen auf Wochen und Monate als ständiger Sommergast zu Verwandten und Freunden in die Ferne fuhr. Ich habe noch die beinahe sagenhaft anmutende Gastlichkeit erlebt mit ihren harmlosen Freuden, und ich habe noch so manche jener Originale gekannt, an denen unsere kleinen Städte besonders reich waren. Denn in der Stille und Abgeschlossenheit unseres ländlichen und kleinstädtischen Lebens, das dennoch großzügig war, hatte man noch Raum, sich zu entwickeln, wie man wollte.

Unser Dasein war damals ein Idyll. Der letzte Rest davon ist nun verschwunden, es fand ein Ende in der Not und dem Grausen, die durch den Weltkrieg über unsere Heimat gekommen sind. Zum Teil zerstört sind unsere kleinen Städte, unsere Güter und Pastorate sind einsam und verlassen, tot, verstummt ist das frohe, sorgenlose Leben dort in der Sommerzeit. Die Bewohner sind vertrieben, die Familien auseinander gerissen, wurzellos, mit heimwehkranken Herzen in der Fremde verstreut.

In besinnlichen Stunden kommt die Erinnerung oft über einen, die Erinnerung an das Leben in der Heimat, wie es früher war. Die alten Orte erstehen in unvergesslicher Lieblichkeit, die lieben längst Verstorbenen leben, fröhliches Lachen erklingt, und die ganze schöne Welt, die man geliebt hat, wacht wieder auf. In diese Welt rettet man sich dann für eine kurze Weile, und es ist, als hätte man sich aus ihr Kraft geholt für das Leben fern von der Heimat. In solchen Stunden sind diese Blätter geschrieben; mögen sie hinausgehen und von einer Zeit erzählen, die nie mehr wiederkehrt ...

Und nun steigt empor, ihr Erinnerungen an einen Ort, der weitab vom großen Leben lag und doch viele das Leben gelehrt hat in dieses Wertes stärkstem und tiefstem Sinn.

Weißenstein ist ein Landstädtchen in Estland, mit kleinen Holzhäusern, schlecht gepflasterten Straßen, einem mit Gras bewachsenen Marktplatz, vielen Gärten und anmutiger ländlicher Umgebung. Ein Flüsschen, die Paide, fließt an der Stadt vorüber, und ihr bester Schmuck ist die prachtvolle Ruine, aus der Zeit der Ordensritter stammend. In einer ihrer Straßen lag das alte Doktorhaus, in dem mein Onkel Hermann Hesse lebte. Niedrig, mit einem hohen Ziegeldach, mit gelber Ölfarbe gestrichen und mit weißen Fensterläden. Eine breite, flache Steintreppe führte von der Straße ins Haus. Das Haus war sehr geräumig, lang gestreckt, mit einer großen Veranda. Ihr Dach ruhte auf weißen Holzsäulen und war von einem riesigen Kastanienbaum überschattet. Von der Veranda trat man direkt in den Garten. Noch immer ist mir's, als wäre dieser Garten der schönste, den ich je gesehen, wenn ich auch so manche Herrlichkeiten der Erde seitdem geschaut. Es war wie ein Meer von Blumen, in das man blickte: Rosen, Lilien, Malven, wohlriechende Erbsen, alles blühte dort in wunderbarer Pracht. Weit hinaus zog sich der Garten mit Lauben, ungezählten Beerensträuchern, Gemüsebeeten, Grasplätzen und Obstbäumen; abgeschlossen wurde er durch einen kleinen Park mit alten Linden,

Tannen und Ahorn. Ein hoher Bretterzaun trennte ihn von der Straße. Wie alt und unscheinbar war das Haus! Die gelbe Farbe seiner Wände war vom Regen verwaschen, von der Sonne verblichen, die Steintreppe, über die mein Kinderfuß so oft sorglos gegangen, war ausgetreten. Noch steht es da, wenig verändert, wird vielleicht noch lange so stehen, aber mein Auge wird dieses Haus nie mehr erblicken, mein Fuß seine Schwelle nie mehr überschreiten. Für mich schloss sich seine Tür auf immer, als sie Onkel Hermann hinausgetragen hatten, das geliebte Haupt dieses Hauses. Durch ihn wurde es erst, was es war, seit ich es kannte: ein Segensort für jeden, der es betrat. Seit meinen frühen Kinderjahren führten unsere Ferienreisen uns fast jeden Sommer auf Wochen nach Weißenstein. Meine Mutter lebte mit uns drei Kindern in Riga, einer Stadt Livlands, wohin wir nach dem Tod meines Vaters, der in Estland Prediger gewesen war, gezogen waren.

Schon im Frühling, wenn die Sommerpläne gemacht wurden, fragten wir voller Sorge unsere Mutter: »Geht es auch wirklich wieder nach Weißenstein?« Welch ein Jubel, wenn sie sagte: »Wir reisen, und es geht nach Weißenstein!«

Dann kamen die Ferien heran und mit ihnen der Tag der Abreise, von unserer Mutter und uns Kindern mit glühender Ungeduld erwartet. Das Dampfschiff führte uns nach Pernau, einer kleinen Stadt. Dort fanden wir die Vettern aus Weißenstein vor, die in Pernau das Gymnasium besuchten. Sie standen schon immer, ihre Mützen schwenkend, fiebernd vor Ungeduld am Dampfbootsteg. Sie hätten uns wohl am liebsten gleich vom Dampfschiff weg in den Reisewagen geschleppt. Aber wir machten immer zuerst für eine Nacht Rast in Pernau. Dort wurde ein tüchtiger Speisekorb gepackt, und früh am Morgen ging es dann fort, hinein ins schöne sommerliche Land. Ferien, Freude, goldene, lichte Tage vor uns! Ach, es war einem wohl, als könnte man die Sterne vom Himmel herunterholen. Welch eine Fülle von Poesie barg solch eine Fahrt durchs Land, im grünen Planwagen mit seinen winzig kleinen Glasfensterchen, die vom Staub der Landstraße trübe waren. Langsam karrten wir die hundert Werst, die vor uns lagen. Heiß wurde es bald im Wagen, eng und staubig. Aber was machte uns das aus! Pik Mart, der alte graue Estenfuhrmann, saß schweigsam und stumpfsinnig vorne im Wagen und trieb dazwischen mit einem estnischen Fluch die Pferde an, die sich durch nichts in ihrem langsamen Trott beschleunigen ließen. Wir fuhren höchstens fünf Werst die Stunde.

Wie köstlich war die Rast in den ländlichen Herbergen, »Krüge« genannt! Wie wohl tat es, die steifen Glieder wieder etwas zu bewegen, den Speisekorb zu öffnen und alle Herrlichkeiten darin zu versuchen! Dazu trank man »Stofbier« und rosa Limonade, die eigentlich brausen sollte, aber es fast nie tat. Man saß auf der Krugschwelle, guckte wohl auch neugierig in die Krugstube, wo es so seltsam roch, nach Bier und wollenen selbstgewebten Kleidern. Man besah die Balsaminen an den Fenstern, plauderte mit der »Krügerin«, die von allen Herrschaften erzählte, die heute schon »durchgekommen« seien. Der Planwagen stand indessen in der Remise, »Stadoll« genannt. Da war es dunkel und kühl, es roch nach Heu, und so still war es drin, dass man nur das Kauen der Pferde vernahm und das Zwitschern der Schwalben, die hoch oben im Dach ihre Nester hatten. Oft ging man dann dem Wagen voraus, wenn die Pferde ausruhten. Wie schön war es am Abend, in der Kühle so über die Landstraße zu wandern, singend, lachend oder auch schweigend, den Frieden ringsumher so wundersam in seinem Kinderherzen zu empfinden! Wie dufteten die Wiesen und die Kleefelder, wie golden war das Licht, das die scheidende Sonne auf die herrliche Welt um uns warf! In einem Tag konnten wir unser Ziel nicht erreichen, es musste Nachtstation

gemacht werden. Gab es kein befreundetes Pastorat, das uns aufnahm, so schlug man sein Nachtlager in einem Krug auf. Gar primitiv war es, meist auf einer Strohschütte; morgens wusch man sich am Ziehbrunnen, aus dem man das Wasser selbst heraufholte mit Holzeimern, die an einer Stange hinabgelassen wurden. Und weiter ging's, der Morgensonne entgegen, mit blanken Augen und frohem Sinn. Wollte die Fahrt zu lang werden, dann sangen wir ein Lied nach dem anderen, und wenn es ein Choral war, faltete unser alter Fuhrmann seine braunen Hände, und die Pferde, den aufmunternden Fluch vermissend, verlangsamten ihre Schritte noch um ein Erhebliches.
Sehr verschieden waren die drei Vettern, die mit uns den Planwagen teilten. Hermann, der Älteste, war der einzige Sohn aus Onkels zweiter Ehe, zuverlässig und tüchtig, fleißig und geordnet, voller Charakter und Ernst, dabei von kindlich stiller Heiterkeit. Er war der harmonischste der drei Brüder und ging seinen geraden Weg; er hat seinen Eltern nie Kummer oder Sorge bereitet und wohl auch nie einen dummen Steich gemacht. Er konnte so fröhlich lachen, aber sonst hielt er sich doch immer ein wenig von unseren abenteuerlichen Unternehmungen fern. Wir Kusinen verehrten und bewunderten ihn rückhaltlos, aber wir scheuten ihn auch etwas. Er hatte eine gewisse Art, schnell und ernsthaft nach einem hinzublicken mit seinen ehrlichen blauen Augen, und jede Untat erstickte in seiner Gegenwart im Keim. Man neckte ihn nie und spielte ihm nie einen Schabernack. Sein Herz barg eine Fülle von Liebe, Treue und Zartheit, im täglichen Leben war er aber eher schweigsam als mitteilsam. Seine musikalische Begabung machte ihn oft zum Mittelpunkt unseres Kreises, aber schlicht und bescheiden ging er seinen Weg und verstand nie, etwas aus sich zu machen. Nur wenn die Freude über ein schönes Musikwerk seine Seele bewegte, dann tat sie ihre Tore weit auf, und

lodernde Begeisterung brach wie eine Flamme aus diesem zurückhaltenden Menschen. Er war eine Nathanseele – ohne Falsch.

Die beiden anderen Vettern, Georg und Gustav, stammten aus Onkels dritter Ehe. Gustav war wohl der gutmütigste von ihnen. Wenn wir ihn noch so plagten, noch so ausnutzten, er ließ sich mit unzerstörbarem Humor alles gefallen. Auf unseren gemeinsamen Ausflügen belud er sich immer mit allen Plaids, Mänteln und Speisekörben. Für uns Kusinen war er eine Quelle nie endender Heiterkeit. Seine trockenen Witze brachten uns immer zum Lachen, und oft brach unsere Heiterkeit an falschen Stellen durch, wie etwa beim Tischgebet, während der Morgenandacht oder wenn wir Besuch hatten, der respektiert werden musste. Das zog uns manchen strengen mütterlichen Blick zu.

Der dritte Vetter, Georg, war mir im Alter am nächsten und mein ganz spezieller Kamerad, blondlockig, blauäugig, voll ausgelassener Jungenhaftigkeit. Kein Baum war ihm zu hoch, kein Dach zu steil. Immer war er lustig, immer zu Streichen aufgelegt. Sein Lachen klang hinreißend und übermütig durch Haus und Garten, und immer hatte er einen Unsinn im Kopf, den wir getreulich miteinander ausführten. Wie oft bekam er Prügel, die er lachend von sich abschüttelte – er behauptete, zur »Marktzeit« jedes Mal, wenn er sich nur im Zimmer zeigte, unbesehen, ununtersucht, »verdient war es immer«. Wir stritten uns ständig, aber wir versöhnten uns sofort, wenn es galt, einen gemeinsamen Streich zu vollführen. Sei es nun, den Nachbarn einen Tort aufzutun, unreife Beeren oder Äpfel zu essen, stundenlang auf den weiten Mooren umherzulaufen oder uns von den hohen Festungswällen der alten Schlossruine hinabzurollen, was im Grunde ein fragwürdiges Vergnügen war, denn unten kam man immer mit einem wüsten Kopf und heftiger Übelkeit an und blieb oft ganz benommen liegen.

Mit diesen drei munteren Reisekameraden flogen die Stunden schnell dahin.

Am Nachmittag des zweiten Tages war die Grenze von Estland erreicht; man sah den Grenzpfahl, der mit den Landesfarben, grün, violett, weiß, angestichen war. Wir waren ganz still geworden, denn jeder lugte gespannt nach ihm aus und wollte der Erste sein, der ihn erblickte. Geschrei erfüllte den Wagen, Pik Mart musste halten, alles stürzte, drängte, kollerte aus der Wagentür, um »Estland« zu grüßen. Die Jungen schwenkten ihre Mützen, wir umfassten den Grenzpfahl, pflückten estländische Blumen und liefen ein Stück ins Land hinein. Meine Mutter sah lachend zu, und ihre Augen strahlten; hatte sie doch in Estland ihre glücklichsten Jahre gelebt, ihre kurzen, reichen Ehejahre.

Nun kam noch der zweite große Moment, das erste Sichtbarwerden des Weißensteinschen Kirchturms. Ein ohrenzerreißender Lärm brach bei seinem Anblick los; spitz wie eine Nadel ragte er über die Baumwipfel, und bald sah man auch die Schlossruine neben ihm auftauchen. Wir tobten derartig, dass es selbst Mutter zu viel wurde. Aber kein Mahnwort von ihr wollte helfen. Dann waren wir auf der Brücke, und der Wagen stieß und holperte über das Pflaster durch die hellen, sauberen Straßen.

Unsere Postglocken riefen alle Menschen an die Fenster. Überall liebe, bekannte und grüßende Gesichter. Und jetzt ging es über den Marktplatz, bei der alten Nachbarin, Frau Laurson, vorüber, die, wie immer mit ihrem Strickzeug am gewohnten Fensterplatz sitzend, freundlich über ihre Brille hinüberschauend, uns zunickte. Und nun – nun hielt der Wagen; aus der engen Tür quollen wir, lachend, jubelnd. Auf der Treppe standen sie alle. Onkel mit seinen weißen Silberlocken schwenkte seine Mütze und schrie »Hurra!« wie ein Student. Neben ihm Tante Adele, groß, stattlich, in all dem Trubel, bei aller Güte doch immer ihre vornehme Haltung wahrend. Und dann Jenny, unsere liebe Kusine Jenny, das Ideal unserer Kinder- und Jugendjahre!

Jetzt ging's durch alle Zimmer. Ob auch alles unverändert war? Ja, Gott sei Dank! Jedes Stück stand noch an seinem alten Platz. Es wäre ja auch schrecklich gewesen, hätten wir irgendetwas anderes gefunden, als wir es gewohnt waren. Da war der Saal, groß, niedrig, mit seinen Streckbalken an der Decke, den schweren Diwans und Lehnstühlen, gestreiften Überzügen, in der Ecke der riesengroße alte Eckdiwan, daneben das altmodische Tafelklavier; am Fenster voll blühender Blumen Tante Adeles Nähtisch, auf dem immer eine schöne Handarbeit lag, altertümliche Spiegel an den Wänden und wertvolle Bilder in nachgedunkelten Goldrahmen. An den Saal schlossen sich Jennys zwei kleine Zimmer an, mit weißen Gardinen an den Fenstern, alten Mahagonitischen und Kommoden und einem winzig kleinen Sofa. Am Ende eines Korridors lagen die Fremdenzimmer mit ihren hochgetürmten köstlichen Federbetten, auf welchen den Gästen zu Ehren die schönsten Flickerdecken prangten, mit ihren geblümten Mahagonibettschirmen, Mahagonikommoden und altmodischen Bildern in blauen Rahmen, mit schmalen Goldbörtchen verziert – alles altmodisch, einfach, aber blendend sauber und behaglich.

In der Küche feierte man ein stürmisches Wiedersehen mit den Leuten. Wie freundlich behäbig und wohl genährt sah die Köchin Anno aus, wie sauber und nett Greta, die junge Stubenmagd! Eine uralte Magd, Anna, aß das Gnadenbrot im Hause. Ihr einziges Amt war das Bereiten des Kaffees. Sie sah sonderbar aus, grau und verwittert, wie ein Steinbild, mit der bunten, hohen Estenhaube.

Und dann ging es in den Garten. Der Jasmin blühte, die Sonne schien. Wie herrlich war doch das Leben!

Nun begannen Tage so voll Sonne und Freude, Freiheit und Liebe, dass unsere Kinderherzen sich weit öffneten und jeden Tag als den allerschönsten empfanden. Schelte bekam man nie, und in jener Zeit wurden die Kinder viel gescholten. Mir ist, als habe der Schwerpunkt der Erziehung damals vielfach im Schelten gelegen, jedenfalls habe ich in meinen Kinder- und Jugendjahren oft darunter gelitten; nur in Weißenstein nicht, da hörte das Schelten von selber auf. Und ich weiß noch eben nicht, machte das Glück einen so artig, dass man es nicht brauchte, oder waren die Großen so mit sich beschäftigt und selbst froh, dass sie uns Kinder nicht beachteten und so manches ungesehen durchschlüpfte.
Der Garten war uns freigegeben. Wir aßen unreife Beeren, so viel wir nur irgend wollten, und Äpfel, die sauer zwischen den Zähnen knirschten. Verboten war nichts als das Abpflücken der Blumen. Ja, es war merkwürdig, Onkel Hermann, der alles fortgab, mehr oft, viel mehr, als er und die seinen missen konnten: von seinen Blumen mochte er sich nicht trennen. Nie sah man im Haus Blumen in Vasen, das litt er einfach nicht. »Sie sollten nicht früher sterben, als Gott ihnen ihre Zeit bestimmt hat«, sagte er, »wozu Leben zerstören?«
Die Tage flohen nur so hin, Besuch gab es viel im Sommer, denn Herzen und Türen standen immer weit offen für jeden Gast. Die Städter kamen und gingen zu jeder Stunde; keine Mahlzeiten, die nicht ein unerwarteter Gast teilte! Wie oft war abends ein langer Tisch draußen für alle Hausgenossen und Gäste gedeckt, deren Fülle die Veranda nicht mehr fasste. Das Essen war einfach, aber alles schmeckte wundervoll, und für jeden war überreichlich da. Und gegeben wurde alles mit unbeschreiblicher Wärme. »Einen fröhlichen Esser hat Gott lieb«, sagte Onkel oft und behauptete, dieses Wort stehe sicher in der Bibel. Und unter duftenden Blumen saß man beisammen, bis die Sterne am Himmel standen.

Jeden Sommer wurden große Picknicks in dem Wald bei Müntenhof gemacht, wo ein alter Steinbruch war. Dann taten sich alle befreundete Familien der Stadt zusammen; mit Teemaschinen, Tassen, Kannen und Proviant zog man in den Wald. Onkel war immer der Heiterste dabei, trotz seiner weißen Haare war er wie ein Jüngling und riss alles mit sich fort. Man lagerte sich im Walde, die Messing-Teemaschinen standen blitzend im Gras; auf Steinen, die mit weißen Tüchern bedeckt waren, standen Schüsseln mit Butterbroten und Kümmelkuchen. Onkels Lieblinge bekamen die schönsten Bissen zugesteckt, mussten sich aber auch wohl vorsehen, dass sie nicht plötzlich einen Abhang hinabgerollt wurden. Man verteilte sich im Gelände, und von hüben und drüben klangen Quartette über die grünen Wipfel hin, die sich zuletzt im großen Chor vereinigten. Dazwischen wurden Aufführungen improvisiert, in denen die Vettern unerschöpflich waren, Schillers und Uhlands Balladen in primitivsten Kostümierungen; der Wald mit seinen Steinbrüchen, Felsblöcken, Höhlen gab eine prachtvolle Kulisse zu allem. Oft wurden auch Spiele gespielt, an denen sich alle beteiligten, oder wilde Schlachten wurden geliefert, wo Tannenzapfen die Geschosse vorstellten. Jede Partei riss sich dann darum, Onkel als Anführer zu haben, und die Partei, die er führte, gewann immer den Sieg. Abends zog man singend von den Wiesen heim, müde und glücklich.

Der starke Mittelpunkt dieses Lebens war und blieb immer Onkel Hermann. Es ist schwer, ein Bild seines Wesens zu geben, denn es ist mir, als müsste jede Schilderung von ihm matt sein; leben musste man mit ihm, denn er war das Leben in seinem stärksten Sinne. Ich denke immer, er muss Martin Luther ähnlich gewesen sein. Wenn ich von der »herrlichen Freiheit der Kinder Gottes« höre, dann denke ich an ihn. Über sein Leben hätte man den Spruch setzen mögen: »Alles ist euer, ihr aber seid Gottes.« Er war eine Natur, die Freude und Licht brauchte, und er verstand sie zu finden und in sein Leben zu tragen, in den Alltag wie in den Festtag. Aber durch all die lachende Freude, durch all den blitzenden Humor, durch all den strahlenden Übermut, gingen wie ein Strom, tief und stark, eine Frömmigkeit, ein unmittelbares Verbundensein mit Gott, eine Liebe zu Gottes Wort, ein begeistertes Sichbekennen zu ihm mit jedem Atemzuge. Es war kein Christentum für den Sonntag, nein, für jeden Augenblick des Daseins. In Onkels Hause habe ich es erlebt, dass mitten in den frohen Tanz der Jugend unser Hausherr trat. »Kinder«, rief er, »wir haben solch herrlichen Festtag von Gott erhalten, wollen wir ihm danken!« Und brausend erklang der Lieblingschoral dieses Hauses:

*»Lobe den Herren, o meine Seele,
ich will Ihn loben bis in den Tod.«*

Oder Onkel sprach mit freudig bewegter Stimme einen Lob- und Dankespsalm. Ja, bei der Bowle haben wir unsere schönen Choräle gesungen. »Mein Heiland liebt frohe Kinder«, sagte er oft, »und warum soll ich denn nicht lachen und jubeln, da ich so reich bin; weiß ich doch, dass ich meinen Heiland habe.«
Ein Original nannte man ihn, und er war es. Nicht groß von Wuchs, stark und beweglich, sprühend lebendig, mit einem prachtvollen Kopf, scharfen, lustigen Augen und schneeweißen Locken – so sehe ich ihn vor mir. Am liebsten in seinem Garten arbeitend. »Kinder, in meinem Garten bekommt mich der Tod nicht fest«, sagte er.
Im Sommer, wenn sein Beruf ihn freiließ, arbeitete er den ganzen Tag in seinen Blumen- und Gemüsebeeten. Seine Pflanzen waren ihm wie seine Kinder, er kannte jede Blume, jeden Baum, jeden Strauch. Er hielt Zwiesprache mit ihnen und wusste, was jede brauchte. Er

konnte ganz umdüstert sein, wenn eine Pflanze nicht gedeihen wollte, trotz aller Pflege. »Was will sie denn eigentlich?« sagte er ungehalten. »Ich gebe ihr, was sie nur irgend verlangen kann, aber nein, sie widersetzt sich allem. Ach, es ist ja gerade wie mit uns. Wie viel Liebe und Geduld wendet der Heiland an unsere Seelen, aber wir tragen partout die Früchte nicht, die er verlangt!«

Ich war viel bei ihm, wenn er im Garten zu tun hatte, half ihm und hörte ihm zu, wenn er so lebendig mit seinen Pflanzen verkehrte. Immer wieder verglich er seine Arbeit an ihnen mit der Arbeit unseres Heilandes an unseren Seelen. Und Gedanken, die mein Leben lang mit mir gingen und später Früchte trugen, senkte er in jenen Stunden in mein junges Herz. Es war eine Zeit der geistlichen Erweckung in Estland gewesen, die ein starkes Echo in Onkels Herzen fand. Mit der ganzen Kraft und Lebendigkeit seiner Seele erfasste er diese Zeit, und seine Person, sein Haus waren es, von denen Ströme der Liebe ausgingen und durchs Leben fluteten. Seine Andachten, seine Bibelstunden voll Leben und Originalität, waren weit bekannt, und von allen Seiten kamen die Leute dazu herbei. Seine Fröhlichkeit und sein hinreißender Witz brachen auch in diesen Versammlungen hervor und erregten oft Anstoß bei den Frommen; aber dem begegnete Onkel mit seinem unverwüstlichen Humor. »Was wollen sie denn von mir, diese frommen alten Damen?« sagte er einmal. »Soll ich, weil ich Gottes Kind bin, am Ende Braten mit Trauersaucen essen oder Fische mit Kreppschleifen um den Schwanz?«

Ganz eigentümlich waren seine Morgen- und Abendandachten. Es war eine besondere Art, wie er mit seinem Heiland verkehrte. Alles, was ihn beschäftigte, Gespräche, die wir miteinander gehabt, komische Erlebnisse und Begegnungen – alles, alles brachte er dort hinein. Er verkehrte ganz persönlich, ich möchte sagen,

menschlich, mit Gott, legte ihm alles vor, bat ihn um alles. Nichts, was ihn bewegte, war ihm zu klein oder zu unwichtig, als dass er es seinem Heiland nicht gesagt hätte. Er disputierte mit ihm, legte ihm seine eigenen Verheißungen vor, widerlegte sich selbst mit Gottes Wort. Das Ende war immer: »O mein Heiland! Ich bin nicht wert all deiner Liebe und Barmherzigkeit, die ich täglich erfahre.« Wir lachten oft herzlich in seiner Andacht, oft aber kamen einem auch die Tränen.
Er war ein Mann der Tat. Ohne sich viel zu besinnen, griff er zu, wo es zu helfen gab. Wie manches Mal kam er so von seinen Landfahrten mit einem Kranken im Wagen heim. »Den müssen wir gesund pflegen«, sagte er dann zu den Seinen. »Das ist ein Familienvater. Zu Hause hat er keine Pflege. Sterben darf er nicht, das geht nicht an!« Ob die Krankheit ansteckend war, danach fragte er nie, nur danach, ob Hilfe Not tat. Eine arme Schwindsüchtige mit ihrer bösartigen Mutter lebte über ein Jahr in seinem Haus. »Sie soll in Ruhe sterben«, sagte Onkel, »die Mutter quält sie zu sehr, wenn man die beiden allein lässt. Wie soll sie da Gott finden?« Und die Kranke starb nach langem Leiden, still und dankbar, das Haus segnend, wo sie Liebe höchster Art, Christentum in lebendigstem Leben geschaut hatte. Mit starker, mutiger Hand führte Onkel sie durchs dunkle Tal des Leidens und zeigte ihr den, der durch des Todes Türen träumend führen kann. Er war häufig derb, übertriebene Formen konnten ihn ärgern. »Was da, Knickse hier und Verbeugungen dort! Ich bin der Doktor Hesse aus Weißenstein und damit basta.«
Und mit drolligem Ausdruck schob er seine Mütze in den Nacken, stemmte seine Arme in die Seiten, sah sich pfiffig um und ging in den Garten. Er scheute sich nie, selbst überall anzugreifen. Seinen Kranken brachte er oft gutes Essen aus seiner Küche in einem Töpfchen eigenhändig über die Straße. Einmal kam er von einem Krankenbesuch heim, als die Mittagssuppe dampfend

in der großen Terrine auf den Tisch gestellt wurde. Das Tischgebet war gesprochen, da erhob sich Onkel, ergriff die Terrine und trug sie aus dem Zimmer. In der Tür drehte er sich nach seiner ihm sprachlos nachschauenden Familie um. »Ihr könnt heute mit einer Speise zufrieden sein«, sagte er ruhig. Und er brachte die dampfende Terrine, so wie er ging und stand, ins Haus seiner armen Patienten.

Mit seinen Kranken ging er sehr kategorisch um; er machte nicht viel Umstände, und sie mussten blindlings gehorchen. Vor allem der Verkehr mit seinen Bauern war originell. Da er oft hitzig und eilig war, geschah es, dass er einem Bauern einen falschen Zahn gezogen hatte. Als er sein Versehen bemerkte, drückte er den Patienten, trotz dessen Geschrei, in seinen Stuhl zurück und zog dem sich wild Wehrenden den zweiten Zahn heraus. Einem anderen Bauern, der sich nicht untersuchen lassen wollte, verabfolgte er eine tüchtige Ohrfeige. »Willst du nun gehorchen, mein Sohn?« fragte er dann milde, und der Bauer hielt still wie ein Lamm. »Der Doktor hat eine schnelle Hand«, sagten die Leute halb anerkennend, halb in Furcht.

Er war ein glänzender Chirurg; in den primitivsten Verhältnissen unternahm er die kühnsten Operationen. Um die neuen Errungenschaften auf wissenschaftlichem Gebiet kümmerte er sich nicht viel. »Ich bin nun einmal Bauerndoktor und kein gelehrtes Tier«, sagte er fröhlich. »Was ich gelernt habe, reicht für meine Bedürfnisse noch lange genug.«

Auf sein Äußeres gab er nicht viel; zum Beispiel trug er, zum Kummer seiner Frau, niemals einen Schlips. Allmählich schaffte er sogar seine Kragen ab, die ihn in der Gartenarbeit nur hinderten. Kaufte er einen Hering, so brachte er ihn uneingewickelt, mit Daumen und Zeigefinger am Kopf haltend, nach Hause. Begegneten wir ihm und riefen entrüstet: »Aber, Onkelchen, wie kannst du nur so über die Straße gehen!«, dann

schwenkte er lustig den Hering gegen uns hin, dass wir lachend zur Seite sprangen, um keine Spritzer auf unsere Kleider zu erhalten. Er konnte auch unduldsam sein; so wurde er manchmal sehr zornig über Dinge, die diesen Zorn gar nicht verdienten. Zum Beispiel reizten ihn elegant gekleidete russische Beamte derart, dass er, wenn er sie von fern über die Straße kommen sah, schnell in ein Haus hineinging, um ihnen nicht zu begegnen, und so lange die Tür geschlossen hielt, bis sie vorüber waren.
Eine Quelle des Zornes für ihn waren auch die Radfahrer. Er konnte sie nicht vertragen. »Kind, es ist gegen Gottes Ordnung, auf einem Rad durch die Welt zu fahren!« sagte er.
Wenn er krank wurde, brach er völlig zusammen, denn jede Krankheit überfiel ihn mit ganzer Macht. Rekonvaleszenzen aber kannte er nicht. Einmal, nach einer heftigen Erkrankung, überraschte er uns damit, dass er unerwartet, mit Wasserstiefeln angetan, mitten unter uns stand, die wir angstvoll beisammensaßen und nur flüsterten, um seinen Schlaf nicht zu stören.
»Macht keine so dummen Gesichter«, sagte er lustig, »Gott schenkte mir einen schönen Schlaf, und nun bin ich gesund; ich sterbe noch lange nicht. Und wenn ein Livonus sagt: ›Ich bin gesund‹, so ist er's. Ich gehe auf den Kirchhof; wer kommt mit?«
Es war schon in den achtziger Jahren, als wir ihn eines Tages zu unserem Entsetzen hoch oben im Gipfel eines Apelbaumes entdeckten, wo er einen Ast absägte. Plötzlich ein Krachen; der Ast, auf dem er stand, brach, und der Onkel kam mit zwei Ästen unter dem Arm, die ihm als Fallschirm dienten, ganz sachte auf die Erde herab.
»Das tue ich nun nicht mehr«, sagte er, als er ein wenig blass zu uns trat, die wir wortlos vor Schrecken dastanden. »Gott hat mir eben ein wenig auf die Finger geklopft!« Trotzdem wurde er noch einmal nach diesem

Fall im Winter schneeschaufelnd auf dem Hausdach gefunden, wo er von der ganz aufgeregten Jenny herabgeholt werden musste.

Furcht – dieses Wort gab es nicht in seinem Leben, weder physische noch moralische Furcht kannte er bis an seinen Tod.

Als er seinen Beruf aufgab, lebte er ganz für seine Gartenarbeit. Er trug dabei einen Rock, den wir den »Ölrock« nannten. Er hatte ihn beim Anstreichen seiner Gartenbänke ganz mit Ölfarbe befleckt, aber die Flecken auszuwaschen erlaubte er nicht. »Dummes Zeug – es ist keine Schande, wenn man sieht, dass ich arbeite!« Noch andere Spuren zeigte der Rock, an dem alles abgewischt wurde, was er in die Hand nahm; oft schielte er dabei mit schelmischem Ausdruck nach seiner vornehmen Frau hinüber.

Ekel und Grausen kannte er nicht. Als Kreisarzt musste er bei aufgefundenen Leichen die Todesursache feststellen. So kam es, dass ihm im Winter kleine Kinderleichen ins Haus gebracht wurden. War es kalt, dann trafen die Leichen steifgefroren ein und mussten zur Untersuchung erst auftauen. Zu dem Zweck stellte er sie am warmen Ofen auf. Da hörte man, besonders in der Stille der Nacht, manchmal einen klatschenden Laut: die kleine Leiche war aufgetaut und brach zusammen. Sprach einer von uns sein Grausen darüber aus, dann konnte er auffahren, denn dafür hatte er kein Verständnis.

Wir neckten ihn gern damit, dass er sich gar nicht seinem hohen Rang und seinen Orden gemäß zu betragen verstand. Dann sagte er: »Was sollen mir die elenden russischen Wladimirs! Ich bin Dorpater Student und Livone gewesen und habe meine Doktordissertation aus Dorpat. Das ist alles tausendmal mehr wert als der alberne Ordenskram!«

Er war deutsch wie wir alle, bis in jede Faser seiner alten Burschenseele hinein. Als Gründer der Studenten-

Verbindung Livonia ging ihm nichts über seine Livonen, denen er nur Bestes und Edelstes zutraute. Im Winter sollte das große fünfundsiebzigjährige Jubiläum der Livonia gefeiert werden, die Korporation wollte ihn als einzigen lebenden Stifter dabei haben; man plante, ihn in einer Kutsche, sorgfältig behütet, nach Dorpat zu bringen, aber schon im November schloss er seine alten lieben Augen.

Tante Adele war ganz anders geartet als Onkel, und sowohl äußerlich wie innerlich gab es keine größeren Gegensätze als die beiden. Neben ihrem kleinen, etwas dicken, sprühenden Mann wirkte sie besonders groß, schlank, zurückhaltend und vornehm. Sie wir im adeligen Fräuleinstift in Petersburg erzogen, in allen weiblichen Künsten geschult. Sie malte, machte schöne Handarbeiten, deren Muster sie selbst entwarf. Sie dichtete, schrieb kleine anmutige Theaterstücke für uns, verstand glänzend zu repräsentieren und war verbindlich und liebenswürdig. Sich sehr gerade haltend, sehe ich sie immer an ihrem Nähtisch sitzen, mit einem Spitzenhäubchen auf dem dunkelblonden, gewellten Haar, freundlich nach uns herschauend, wenn wir lachend und übermütig zu ihr hereinbrausten. Ihr war unser stürmisches Treiben gewiss nicht immer recht; jedenfalls war es anders, als sie es in ihrer Jugend gewohnt war. Aber mit großartiger Güte, mit Takt und Humor schickte sie sich in alles.

Kein ganz leichtes Erbe war es, das sie antrat, als sie Onkels dritte Frau wurde. Doch uns war sie eine geliebte Tante geworden, in deren Haus wir alle Wärme einer nahen Verwandten fanden.

Un nun bleibt noch Jenny, von der ich erzählen will. Sie war eine Tochter aus Onkels erster Ehe. Außer Jenny waren noch drei Kinder da, zwei Töchter, Gertrud und Marie, und ein Sohn Johannes. Die beiden Töchter heirateten früh nach Kurland, ich habe sie in Weißenstein kaum gesehen, jedenfalls spielten sie in meinem Leben dort keine Rolle. Der Sohn Johannes wurde in ganz jungen Jahren Missionar in Indien. Ich lernte ihn erst in Deutschland viel später kennen, eine tiefe Freundschaft verband uns bis zu seinem Tod. Sein Sohn ist der Dichter Hermann Hesse. – Wir liebten Jenny schon als Kinder schwärmerisch. Sie war immer fröhlich mit uns, verwöhnte uns sehr und hatte das tiefste Interesse für alle unsere kleinen Freuden und Leiden. Häufig steckt sie uns etwas Gutes zu und verwahrte Schokolade und Bonbons in ihrem Zimmer für uns.

Sie war klein, mit einem edlen, feinen Gesicht, dunklen Augen und krausem, schwarzem Haar. Klug, tatkräftig, mit schnellem, schlagfertigem Witz begabt, war sie in vielen Dingen die rechte Tochter ihres Vaters, von dem sie auch ein großes Stück Originalität geerbt hatte.

Sie führte den Hausstand; während wir das Dasein genossen, stand sie in der Küche und kochte und schmorte das Essen für die Unmengen von Gästen. Sie hatte ein schweres Los gehabt. Sie war verlobt mit dem Sohn des befreundeten Nachbarhauses. Schon als Knabe umgab er sie mit steter Sorgfalt und fast unterwürfiger Schwärmerei. Als beide erwachsen waren, warb er um sie, doch sie wies ihn ab; denn seine sklavische Hingabe konnte in ihrer starken Natur keine Gegenliebe erwecken. Aber er ließ sich nicht irremachen; in nie wankender Treue, in unveränderter Liebe warb er Jahre um sie, bis er sie überwand; sie gewann ihn lieb und gab ihm ihr Jawort. Doch seltsam: als er sein so glühend erstrebtes Ziel erreicht hatte, stellte sich bei ihm bald eine Art Ernüchterung ein, und kurz vor der Hochzeit löste er die Verlobung unter Umständen, die die Wunden, die er geschlagen noch vergifteten.

Das alles hatte Jenny gelitten, und da sie ein starker Mensch war, litt sie bis zur Vernichtung. Aber sie war nicht nur stark, sie war auch fromm, und aus all den erlebten Bitterkeiten rettete sie sich ein Herz voll unerschöpflicher Liebe und Selbstlosigkeit. Jeder, der in ihre Nähe kam, durfte den Segen dieser Liebe spüren. Sie hatte die seltene Fähigkeit, mit jedem Menschen die Sprache zu reden, die er verstand. Ob alt, ob jung, ob arm, ob reich, ob gebildet oder ungebildet, ob Mann oder Weib, jeder öffnete ihr sein Herz. Wie begeistert nahm sie Anteil an unseren Plänen und Unternehmungen, freilich nie jemals anders als aus der Ferne, denn sie machte keine Besuche, beteiligte sich nie an unseren Ausflügen. Da blieb sie eisern, auch gegen unser noch so stürmisches Bitten und Flehen. Wir hatten nie ein Geheimnis vor ihr, und wenn man betrübt war, ließ man sich von ihr streicheln und aufrichten.

Für die Kranken im Städtchen kochte sie Suppen und brachte sie heimlich selbst hin. Niemand konnte so pflegen wie sie, und wenn es Krankheit unter den Freunden gab, wollte man sie zur Pflege haben. Ging es zum Sterben, da verstand es niemand besser als Jenny, die Angst und Not zu lindern, mit weicher Hand glättete sie die Kissen, hielt angstvoll bebende Hände tröstend in den ihren und drückte müde Augen zur letzten Ruhe zu. Wir waren in unserem jugendlichen Egoismus oft empört, dass wir die so sehr Geliebte nicht ganz für uns hatten, dass wir sie mit jedem estnischen Bäckerweib, das an den Straßenecken Kringel verkaufte, teilen mussten; denn wir behaupteten, mit derselben Hingabe, demselben Eingehen könne sie die Leidens- und Freudengeschichten der Estenweiber anhören wie unsere Ergüsse.

Die Jahre kamen und gingen, so manches hatte sich in unserem Leben verändert. Nur eins nicht: die begeisterte Liebe für dieses Stück Erde, für dieses geliebte Haus. Noch immer erklang lauter Jubel, wenn es im Frühling hieß: »Im Sommer geht es wieder nach Weißenstein.« Nicht mehr im alten grünen Planwagen, der so seltsam nach Heukissen und altem Leder roch, wurden die hundert Werst von Pernau zurückgelegt. Die Eisenbahn hatte sich auf fünfzig Werst dem Städtchen

genähert, und im hohen Postwagen rasselte man über das holprige Straßenpflaster in die Stadt. Und auf der Steintreppe standen wie immer die lieben Bewohner des Doktorhauses, uns mit offenen Armen empfangend. Die Vettern waren herangewachsen, Hermann war ein ernsthafter Student der Theologie, Gustav Gymnasiast, Georg unser fröhlicher Hausgenosse in Riga.
Im Haus aber hatte sich nichts verändert, alles war noch ganz so, wie wir es als Kinder gekannt und geliebt. Ebenso hell strahlte die Sonne über den schönen Garten in seiner Blütenpracht, fast noch froher flutete das Leben durchs Haus. Allein die alte Anna war nach und nach ganz in den Ruhestand versetzt worden, nur noch zum Tassenwaschen war sie zu gebrauchen. Heiße Kämpfe waren es gewesen, bis man ihr das Kaffeemachen entwunden hatte. Sie wollte dieses letzte Ehrenamt um keinen Preis aus der Hand geben. Aber als einmal der Kran der Kanne verstopft war und sich bei näherer Untersuchung das Hindernis als eine Menge Haare erwies, da erhoben die Vettern einen derartigen Höllenlärm, dass man ihr dieses Amt fast mit Gewalt nahm.
Ich blicke weit zurück, die Jahre schwinden, und ich sehe mein Leben dort wie in Bildern an mir vorüberziehen. Ein Bild nach dem anderen steigt empor, alle voll Licht, voll Freude, voller Glanz, sinkt wieder nieder, der Glanz erlischt ...

1

Ich bin ein kleines Mädchen mit spiegelblank gebürstetem Haar, das gerade gescheitelt, in zwei dicken stramm geflochtenen Zöpfen, mir über den Rücken hängt.

Ich bin sehr wild geworden in Weißenstein. Mutter sagt, das sei hauptsächlich Georgs Schuld. Ich werfe mit Bohnenstangen ins Ziel, springe aus der Bodenluke und klettere den Vettern nach auf die Bäume. Ich fühle mich dabei stolz und wichtig, »ganz wie ein Junge«. Ich stehe im Garten vor der Veranda und blicke sehnsüchtig aufs Hausdach.
Hoch oben auf dem Giebel sitzt Georg rittlings und pfeift und jauchzt in die Sonne. Ich stehe schon eine Weile da, aber er tut, als sähe er mich nicht.
Warum nur hatte er die Leiter hinaufgezogen? Nun konnte ich ihm ja nicht nachklettern. Das hatte er ganz absichtlich getan, wie schlecht war er doch, ein böser Junge! Trotz und brennendes Verlangen kämpften in meinem Herzen, endlich siegte letzteres. Aber es klang doch ziemlich trotzig und befehlend, als ich rief: »Lass die Leiter herunter, ich will auch aufs Dach!«
Georg lachte. »Das darfst du gar nicht, du bist ein Mädchen und kannst nicht so hoch klettern wie ein Junge.«
Was Mädchen alles nicht sollten, es war geradezu schrecklich, ein Mädchen zu sein! Ich wurde ganz heiß vor Zorn.
»Schäme dich, so was zu sagen«, schrie ich wütend, »ich kann alles machen, was ihr dummen Jungen macht!«
»Oho!«
»Jawohl kann ich das! Sprang ich nicht gerade wie ihr gestern aus der Bodenluke ins Heu auf den Hof?«
»Ja, und ich bekam die Schelte nachher von deiner Mutter, und ich sollte dich nicht alles machen lassen, was ich tue. Du wirst so wild und unartig.«
»Ich will aber auch aufs Dach, hörst du!«
»So klettere doch!«
Ich weinte. Georg war sehr gutmütig, Tränen konnte er nicht sehen; mit Tränen konnte man eigentlich alles bei ihm erreichen.

Aber diesmal blieb er gefühllos. »Sag: Bitte, lieber, guter Georg«, sagte er, »vielleicht lass ich dann die Leiter hinunter.«

Ich schwieg.

»Wenn du wüsstest, wie schön es hier ist«, sagte er grausam, »und wie weit man sieht! Ich sehe den Marktplatz und die Kirche und den Weg zum Kirchhof und ...«

Nein, das war ja nicht zum Aushalten! Ich stürzte davon, ein böser Plan war plötzlich in meiner Seele entstanden, den ich ohne Besinnung ausführte.

Georg hatte aufgehört zu pfeifen, es war doch langweilig, so allein oben, er schickte sich eben an, seinen luftigen Sitz zu verlassen, da flog die Gartentür auf, und ich sauste in den Garten.

»So, nun hast du es«, rief ich, »ich habe deinen Vogelbauer aufgemacht und alle Vögel losgelassen!«

Er hielt im Hinuntergleiten inne, er war wie erstarrt, er konnte nichts sagen, ihm fehlte der Atem. Endlich konnte er sprechen. »Du hast sie losgelassen!? Alle?« »Alle«, schrie ich triumphierend. Da kam Leben in seine erstarrten Glieder. Er rutschte, kollerte, stürzte vom Dach herunter, über das Verandadach, mit einem Schrei lag er auf der Erde.

Ehe er noch auf die Füße kam, war ich fort. Laut brüllend, denn ich fürchtete mich namenlos, raste ich davon, durch den Garten hinein in den Hof. Krachend fiel ich gegen die Küchentür, mit meiner letzten Kraft »Jenny! Jenny!« rufend.

Er war mir dicht auf den Fersen, mit entstelltem Gesicht lief er mir nach, »ich schlag dich tot, ich schlag dich tot!« rufend. Er war jähzornig, heftig, die Brüder nannten ihn den Berserker – noch nie hatte ich einen Menschen so gesehen. Jenny fing ihn in der Küche in ihren Armen auf; ich hatte mich unter der Treppe, die zum Bodenzimmer führte, versteckt. Er war wie blind und schlug um sich.

»Wo ist sie? Wo ist sie? Ich schlag sie tot!«
Jenny kannte ihren wilden Bruder, sie verstand ihn zu zähmen. »Schäme dich«, sagte sie mit ihrer guten Stimme, »ein kleines Mädchen willst du schlagen!«
Er kam zur Besinnung. »Sie hat meine Vögel losgelassen!« stieß er hervor, während Tränen des Zorns aus seinen Augen sprangen.
»Das war sehr schlecht von ihr«, sagte Jenny wieder in ihrer liebevollen Art, »aber denk doch nur, wie froh die Vögel jetzt sind; nun sind sie frei!« Sie tröstete ihn, strich ihm die Haare glatt, rückte seinen Kragen zurecht, gab ihm heiße Pfannkuchen und schickte ihn dann einigermaßen beruhigt in den Garten. »Bald ist das Mittagessen fertig. Dann darf man dir nicht ansehen, dass du geweint hast.«
Jenny tröstete auch mich, doch das ging viel schwerer als bei Georg. »Du musst ihn um Verzeihung bitten.«
»Ach ja! Ach ja!« Ich war zu allem bereit.
Jenny ging mit mir in den Garten, und wir suchten ihn. Er steckte in den Beerensträuchern und schien wieder ganz vergnügt. Bei meinem Anblick verfinsterte sich sein helles Gesicht. Ich fürchtete mich und versteckte mich hinter Jenny.
Die zog mich hervor und schob mich unter freundlichem Zureden zu Georg hin; ich streckte meine Hand aus und fasste schüchtern nach der seinen.
»Ach, bitte, vergib mir!« murmelte ich.
Er ließ meine Hand fallen und sagte verächtlich: »Furcht kennst du, aber keine Besserung!«

2

Ich bin sechzehn Jahre alt, mein Geburtstag wird gefeiert. Ich habe ein weißes Kleid bekommen, mein Geburtstagstisch ist auf der Veranda gedeckt. Zentifolienrosen decken den Tisch, so dass man das weiße Damasttuch nicht sieht. Ich bin selig. Sechzehn Jahre! Was wird das Leben bringen? Freude, Freude und Lachen, wie könnte es denn anders sein! Die Sonne strahlt, die Blumen blühen, alles umgibt mich mit Liebe. Ich gehe durch den Garten, ich falte die Hände, ich bete. Immer dasselbe: »Mein Gott, ich danke dir, das Leben ist zu schön!«

Am Nachmittag winkt mir Georg. »Ich habe ein Geschenk für dich. Komm, dass niemand uns sieht. Mein Geschenk ist in den Steinbrüchen versteckt, keiner soll es wissen.«

Ich fasse seine Hand, wir laufen eilig durch den Garten, durchs Hinterpförtchen über die Wiesen dem Walde zu. Da sind die Steinbrüche; wir gehen langsam die schmalen Waldwege, bergauf, bergab.

Der Wald ist geheimnisvoll, voller Höhlen und Schluchten. Golden zittert das Licht auf dem Moos und fällt auf unsern Weg. Wir verstehen uns, sehen alles Schöne, die einsamen großen Glockenblumen auf schwankenden Stängeln, wir fühlen die Stille.

Und nun kam mein Geschenk. Über eine Höhle wölbte eine Linde ihr grünes Gezweig. Eigenartig verflochten ruhten ihre Wurzeln wie eine Wiege über dem Eingang zur Höhle. Dieses Plätzchen hatte Georg für mich entdeckt. Das Wurzelgeflecht war dicht mit Moos gefüttert. Georg strahlte. »Hier sollst du liegen«, sagte er.

Er half mir hinein. Wie in einem Nestchen lag sich's da, als schützendes Dach die Zweige der Linde über mir, rings um mich das Schweigen des Waldes. Ich liege ganz ruhig. Georg hat mir eine große blaue Glockenblume in die Hand gelegt.

»Das ist dein Szepter«, sagt er. »Nun bist du die Waldeskönigin, und ich bin dein Knappe, der dich bewacht. Kein Unglück kann dich treffen, ich liege mit meiner Lanze vor deiner Schwelle und kämpfe gegen den Drachen.«

Nichts rührt sich, kein Windhauch bewegt die Blätter über uns. Ich denke goldene Träume, leise fange ich an zu singen:

> *»O du lichtgrüne Welt,*
> *Ach, wie strahlst du vor Lust!«*

Dann schweigen wir. Georg schwärmt eben für Storm, er sagt ein Lied von ihm auf:

> *»Hier an der Bergeshalde*
> *Verstummt ganz der Wind,*
> *Die Zweige hängen nieder,*
> *Darunter sitzt das Kind.«*

Das gefällt mir nicht, ich bin doch eben sechzehn Jahre alt geworden. »Das stimmt nicht«, sage ich etwas gereizt, »nun bin ich ein junges Mädchen.«
Er fährt unbeirrt fort:

> *»Sie sieht mich an verständig,*
> *Es geht mir durch den Sinn:*
> *Sie hat die goldenen Augen*
> *Der Waldeskönigin.«*

»Heute hast du auch goldene Augen«, sagt er.
Ich bin herb und scheu, die Sprache ärgert mich. Ich fahre von meinem Traumlager empor. »Schafskopf!« sage ich und sonst nichts. Georg lacht.

3

Es ist Abend. Onkel Hermann und ich sind von einem Spaziergang heimgekehrt. Die Sonne steht tief, die Häuser werfen lange Schatten. Die Welt ist hell, als

hätte die Sonne noch all ihr Licht auf der Erde gelassen, als sie sich zum Scheiden anschickte.
Wir sitzen auf den Stufen der Steintreppe Hand in Hand. Wir blicken die Straße hinauf über den grün bewachsenen Marktplatz, zur Kirche mit ihrer leuchtend blauen Uhr und dem unproportionierten Turm, der spitz in den lichten Abendhimmel ragt. Schwalben schwirren mit jauchzendem Schrei an uns vorüber, wir schauen ihnen nach, bis sie im leuchtenden Abendhimmel versinken. So findet uns der Abend oft.
Onkel spricht vom Leben, das uns erwartet, wenn dieses Leben zu Ende gegangen ist. Es ist ihm so nah, so voller Herrlichkeit, dass meine junge Seele sich danach sehnt, wie nach schönster Vollendung.

> *»Unter deinen Lebensbäumen*
> *Wird es sein, als ob wir träumen.«*

»Wenn ich nicht mehr bin«, sagt die liebe Stimme neben mir, »dann denk an diese Stunde! Du stehst mitten im Leben, das will viel von dir, gibt dir viel. Pack es, sonst läuft es dir davon! Aber vergiss nicht, dass jeder Tag seine Ruhestunden für die Seele haben muss, erlaube nicht, dass er dich auffrisst! Unsere Seele gehört unserem Heiland. Er hat sie teuer bezahlt. O mein Gott, wie dank ich dir für deine Treue!«
Ich fasse fester die gute, alte Hand, die so abgearbeitet in der meinen liegt, und küsse sie. Kann ich mir ein Leben denken, ohne dass diese Hand die meine hält?
Und doch kam einstmals ein Tag, an dem diese Hände erkaltet über der stillen Brust gefaltet lagen, keinem mehr Gutes erweisend. Ein Tag, an dem man ihn über die Steinstufen trug, über die sein Fuß so oft geschritten, und ich habe gelernt zu leben ohne diese große, tiefe Liebe, die so stark über meinem jungen Leben wachte.

4

Es war ein warmer Sommertag, der Garten voller Rosen- und Jasminduft, wohlriechenden Erbsen und Reseden. Links von der Veranda befindet sich ein großes Beet voller Lilien, die schneeweiß zum Himmel streben.
Alles hält im Haus Nachmittagsruhe, ich sitze auf der Veranda und blicke in den blühenden Garten. Kein Laut weit und breit als das Schwirren der Schwalben in der heißen Sommerluft, dazwischen ein verirrter Ruf aus dem Nachbargarten.
»O du Welt voller Licht.«
Da, ein starker, junger Schritt auf der Veranda. Georg steht in der Tür. Er ist groß, breitschultrig, mit blondem Lockenhaar und lebenssprühenden Augen; mein bester Kamerad, in dessen Nähe das Lachen nie endet. Erwartungsvoll sehe ich zu ihm auf, er hat immer einen Plan.
»Weißt du was?« sagt er. »Der Tag ist köstlich, alles schläft im Haus. Wollen wir ins Moor? Nicht viel fragen! Da gibt es zu viele Antworten. Komm, nimm deinen Hut, ich gebe dir meinen Stock. Wir gehen in die weite Welt.«
Ich springe begeistert empor.
»Aber wenn es nachher Schelte regnet?« sage ich bedenklich.
»Die halten wir aus und schütteln sie wieder ab«, ist seine unbekümmerte Antwort. – Ich bin dabei.
Heimlich schleichen wir durch den Garten. Die alte Magd hat die Weisung, zu sagen, dass wir erst spät heimkämen, wir seien ins Moor gegangen. Sie murmelt etwas vor sich hin. Georg lacht. »Ach schweig doch, Alte! Dich wird keiner schelten, alles trifft nachher uns.«
Wir schlüpfen durchs Gartenpförtchen, über die Wiesen hin geht es eilig. Nun nimmt der Waldesschat-

ten uns auf, unser Schritt wird langsamer. Wie herrlich ist die Welt! Hohe Tannen ragen in die klare Sommerluft, unhörbar gehen unsere Schritte übers weiche Moos. Es ist ganz dunkel, fast feierlich unter den Bäumen, aber oben in den Gipfeln liegt goldener Sonnenschein.

Wir verstehen uns so gut im Wald. Georg fühlt und sieht alle Schönheit um ihn, auch die zarte Stille, seinem Blick entgeht nichts. Dann weist er nur mit seiner Hand danach.

»Siehst du es auch?« Ich nicke fröhlich, wortlos; wir brauchen gar nicht zu reden, wir sind einig.

Warum nur zanken wir uns so oft im Leben?

Es waren böse Tage gewesen. Da war ein kleines Ding zu Besuch, ein Mädchen, etwas jünger als ich, zart, blond, mit blauen Augen und rosigen Wangen, die bei jeder Gelegenheit so lieblich erröten konnte, dass es wie eine Welle über ihr Gesichtchen lief.

Georg schwärmte für dieses Erröten. »Sie ist so weiblich!« sagte er. »Und so dumm wie eine Gans«, fügte ich erbarmungslos hinzu. Das ärgerte ihn, er hatte sie gern. Sie war verliebt in ihn und bewunderte ihn, sie zeigte es bei jeder Gelegenheit. Das beleidigte mich. Nie war ich so scharf und streitbar, als wenn sie dabei war. Georg bemühte sich ritterlich um sie, sie tat so ängstlich, war so anlehnungsbedürftig. Sie schrie, wenn ein Frosch über den Weg sprang, und flüchtete sich zu Georg, wenn ich einen Stock nahm und nach dem Frosch schlug.

Ein heimlicher Kampf zwischen Georg und mir entbrannte. Spielten wir Reif, dann warf Georg ihr den Reif immer so behutsam zu und so niedrig ließ er ihn fliegen, dass sie ihn fangen musste ohne jede Mühe. Kam ich an die Reihe, dann flog der Reif so hoch, dass er fast in den Lüften verschwand und ich trotz aller aufgewandten Kraft und Gewandtheit ihn nicht fangen konnte; und Georg lachte spöttisch.

Ich war des Streitens müde geworden, ich sehnte mich nach Versöhnung, war aber zu stolz, einen Schritt dazu zu tun. Heute wird alles gut! dachte ich, und eine Last fiel mir von der Seele.

Eine seltsame Welt, diese weite, öde Fläche, ohne Baum, ohne Strauch. Ein grüner Mooshügel neben dem anderen. Mit einem Stock bewaffnet sprang man von Hügel zu Hügel, immer weiter, in die Unendlichkeit hinein. Sprang man daneben, so versank man tief im Moor.

Georg hatte uns tüchtige Stecken geschnitten. »Soll ich dir helfen beim Springen?«

»Auf keinen Fall.« Es ist mein größter Ehrgeiz, es den Vettern gleichzutun.

So springen wir lachend, jauchzend. Da, ein Schrei! Ich bin daneben gesprungen, bis an die Knie ins Moor.

»Soll ich dir helfen, dann musst du bitten.«

»Bitten! Nein, das tue ich nicht, ich helfe mir selber.«

Georg lachte. »Du wirst schon zu Kreuze kriechen!«

»Niemals!«

Mühsam rette ich mich auf den Mooshügel, entferne den Morast von Stiefeln und Strümpfen. Georg sitzt keck und lustig auf seinem Hügel und lacht mich aus. Seine Mütze sitzt ihm tief im Nacken, die blonden Haare glänzen in der Sonne. Nein, man kann ihm nicht böse sein.

»Ich weiß hier eine Quelle in der Nähe«, sagt er endlich, das Mitleid mit mir siegt über die Schadenfreude, »da säubern wir dich.«

Wir springen weiter. Dann kommt eine trockene, hochgelegene Stelle, mitten im Moor, mit Gras und Blumen bestanden. Ein Flüsschen murmelt vorüber.

Dort machen wir Rast; ich ziehe meine schwarzen Schuhe und Strümpfe aus, wasche sie im Fluss. Georg hat unterdessen eine sinnreiche Erfindung gemacht, er hat Stöcke in die Erde gepflanzt. Darauf werden die nassen Sachen gesteckt, damit sie schnell trocknen.

Wir legen uns ins Gras, schweigend, träumend.
Georg unterbricht die Stille. »Warum warst du alle diese Tage so?«
Mein Herz ist plötzlich überströmt von Reue. »Verzeih mir doch«, sage ich weich, »aber Ella war so albern, und das gefiel dir. Ich denke, du warst verliebt in sie.«
Georg wird rot, wie eine Flamme fährt es über sein ausdrucksvolles Gesicht.
»Nie war ich das«, bricht er los, »glaub es mir doch! Sie ist nur so zart und fein und so hilflos. Ich habe solch ein kameradschaftliches Gefühl für sie!«
Da lache ich hellauf, ein wenig gereizt. »Dein Kamerad bin ich, das darf kein anderer sein. Ella ist doch kein Kamerad!«
»Aber ich bin nicht verliebt in sie«, sagt er wieder ganz aufgeregt.
»Ach, ihr liebt ja immer die dummen«, sage ich streng.
Georg schweigt.
Ich strecke mich wieder im Gras aus; er bleibt aufrecht sitzen, er hat den Kopf gewandt. Ich sehe ihn nur von der Seite. So voll Sehnsucht und Trauer ist plötzlich sein heller Blick.
Ich schlummere ein, wache wieder auf; immer sitzt er noch da, unbeweglich, mit dem Blick voll Sehnsucht und Trauer. Die Sonne steht tiefer.
»Hier am Rande des Moores ist ein Bauernhaus«, sagt Georg, »da gibt es Milch und Brot. Wir müssen doch etwas essen!«
Stiefel und Strümpfe sind trocken, wir springen wieder über die Hügel. Da liegt auch schon das Bauernhäuschen, klein, schief, mit einem Strohdach, aber der Garten ist voll blühendem Mohn und goldgelber Ringelblumen. Die Bäuerin bringt Schwarzbrot, Milch und frische Butter. Wir legen uns ins Gras, das Brot und die Milch stellen wir auf die Erde zwischen uns. Wie das schmeckt!

Und vor uns dehnt sich das Moor mit seinen grünen Hügeln, flimmernd im Abendsonnenschein.
Dann ist es Zeit, heimzugehen. Wir wandern wieder durch den Wald, es ist unter den dichten Tannen schon ganz dämmrig geworden. Als der Wald zu Ende ist, liegt ein weites, goldig schimmerndes Kornfeld vor uns.
»Nun kommt das schönste«, sagt Georg, »wir kriechen tief ins Kornfeld; dort legen wir uns hin und horchen auf die Stille.«
Durch eine Furche gehen wir hinein, ich lasse die Ähren leise durch meine Hände gleiten. Stimmen! Vielleicht der Bauer, dem das Feld gehört!
Wir bücken uns, die goldenen Halme schlagen über unseren Köpfen zusammen. So kriechen wir geduckt durch die schmalen Furchen, wir wagen kaum zu flüstern. Ein Stein liegt mitten im Feld, er ist ganz warm von der Sonne. Ich setze mich auf den Stein. Georg legt sich zu meinen Füßen auf die Erde. Mein Schoß ist voller Blumen, ich winde sie zu einem Kranz.
Welch wunderbares Leben, die tausend und abertausend Halme dicht beieinander, dazwischen Sternblumen und Kornraden. Käfer und Schmetterlinge! Wir beobachten das vielfältige Leben, das in dem Kornfeld summt, kriecht, flattert, horchen auf die Grillen, aufs Singen der Lerchen.
Welch ein Licht in der Welt, welch ein Schweigen voll wunderbarer Geheimnisse! Georg hebt auf einmal seine Hand und streckt sie nach mir aus; »du!« – sonst nichts. Ist es die Stille, die mir plötzlich den Atem raubt, oder liegt etwas im Klang seiner Stimme, etwas, was so noch nie darin geklungen hat? Erschrocken sehe ich ihn an. Eine tiefe Bewegung liegt in seinem Gesicht; wie der Blitz bricht etwas über mich herein. Ist es Angst? Ja, eine törichte, sinnlose Angst. Ich springe empor, die Blumen fallen zur Erde, in weitem Bogen werfe ich den Kranz von mir. Eine Sekunde

bleibe ich noch stehen, wie gebannt – dann fange ich an zu laufen, fort nach Hause. In wilden Sätzen geht es aus dem Kornfeld, über den grünen Abhang, zur Landstraße. Ich höre Georg hinter mir rufen: »So warte doch!« Ich höre seinen eiligen Schritt dicht hinter mir. Wie gehetzt jage ich weiter, da – eine Wegbiegung, ich laufe Onkel Hermann direkt in die Arme.
»Aber, Kind! Du bist ja ganz atemlos.«
»Ach, Onkel, Onkel! Ich war so erschrocken.«
»Aber warum denn? Was hast du nur?«
Nun sind sie alle da, die Tanten, meine Mutter, auch Georg.
Ja, warum erschrak ich nur so sehr? Ich muss jetzt selbst über mich lachen. Warum denn nur?
Die Tanten blicken ernst. Meine Mutter will ein strenges Gesicht machen. »So fortzurennen, ohne zu fragen!« sagt sie.
»Lass das Zanken«, schneidet Onkel jedes weitere Wort ab. »Nun sind die Sünder heil und lebendig wieder da, und das ist die Hauptsache.«
»Georg wird dich noch einmal umbringen mit seinen Unternehmungen«, sagt Mutter, nichts weiter. Wir wandern dem Städtchen zu, das mit seinem Kirchturm und den weißen Häusern aus dem Grün seiner Gärten schaut.
Wir singen:

>*Der Mond ist aufgegangen,*
>*Die goldnen Sternlein prangen*
>*Am Himmel hell und klar.«*

Meine Hand ruht in Onkels Hand, er hält sie fest. Wir singen weiter:

>*»Wie ist die Welt so stille,*
>*Und in der Dämmrung Hülle*
>*So traulich und so hold!*

*So ganz wie eine Kammer,
Wo ihr des Tages Jammer
Verschlafen und vergessen sollt.«*

»Des Tages Jammer!« Das waren damals nur Worte, die meine junge Stimme ahnungslos in die laue Abendluft hinaussang. Aber einmal sollten auch für mich die Tage kommen, wo diese Worte mit ihrem furchtbaren Ernst über meinem Leben standen.
Gesegnet aber ist das Leben, dessen junge Tage so voller Licht und Freude waren wie die meinen. Die Erinnerung daran hilft auch »des Tages Jammer« leichter tragen.

5

Wir sitzen auf dem grünen Rasen der kleinen Wiese, hinten im Park. Wir haben die ganze Zeit Beeren gegessen, haben gelacht und geneckt, und wie Funken fliegen die Neckereien und Scherze herüber und hinüber. Auch etwas boshaft sind wir manchmal, denn keine Schwäche wird geschont. Aber keiner ärgert sich, alles löst sich in fröhliches Lachen auf.
Da – wer war das? Ein kleiner grüner Apfel fliegt mit wohl gezieltem Wurf durch die Luft, gerade an Georgs Kopf.
»Oho!« Ein zweites Wurfgeschoss folgt.
Wie es geschah, weiß keiner. Ein heißer Kampf ist plötzlich entbrannt, Äpfel, grüne Kastanien fliegen hin und her, die Wiese ist in einen Kampfplatz verwandelt. Zwei Parteien haben sich gebildet, Kriegsgeschrei erfüllt die Luft. Der Kampf zieht sich durch den Garten, zur Veranda.
Auf unsere Schlachtrufe stürzt alles aus den Zimmern: »Hierher!« Jede Partei wirbt wild um Kampfgenossen.

Von der Straße kommen vorübergehende Fremde dazu. Onkel erscheint auf der Veranda, er ist ein begehrter Freund, ein gefürchteter Feind, denn er ist wie ein Sturmwind und kennt kein Erbarmen.

Man greift zu allem, was einem in die Hände fällt, um es als Waffe, als Wurfgeschoss zu benützen. Einer rennt ins Haus, kommt mit sämtlichen Sofakissen heraus; diese fliegen als Geschosse durch die Luft.

Auf der Veranda hat sich ein Teil der Kämpfenden verschanzt, vom Garten aus fangen die Feinde an, die Veranda zu stürmen.

Ich habe eine Idee. Ich laufe durchs Haus, durch den Garten, mit lautem Gebrüll falle ich dem Feind in den Rücken. Ich habe keine Geschosse, da packe ich meine langen Zöpfe mit der Hand, große Schleifen flattern an den Enden; sausend fliegen sie wie Peitschen durch die Luft, schlagen in der Wut den Feinden auf die Köpfe.

»Verrat! Ein tückischer Angriff im Rücken, fangt sie!« Ich fliehe eilends in den Garten, alle Vettern hinter mir drein. Ich werde gefangen, und plötzlich – wer erwartete so etwas? – heben sie mich auf ihre Schultern. Mit wildem Siegesgeheul werde ich durch den Garten getragen, hoch auf den Schultern der Feinde thronend.

Tante Adele steht inmitten unter den Kämpfenden. Sie macht nie mit, wenn wir tollen, lacht aber von Herzen zu unseren Streichen. »Nun genug«, ruft sie munter, »ihr zerbrecht mir ja alle Fensterscheiben und zerstört meine schönen Sofakissen!«

Ich liege noch immer hilflos auf den Armen der Sieger. »Lasst sie herunter«, kommandiert Onkel.

»Nein, sie hat Verrat geübt, sie muss gestraft werden. Wir sperren sie ein!«

»Ich gebe heute Abend Pfannkuchen mit Zuckersaft«, ruft Tante Adele, »wenn ihr sie loslasst.«

»Hurra!«

Ich gleite auf die Erde hinab. Erhitzt, atemlos lachend ruht alles vom Kampf aus. »Morgen machen wir ein

Friedensfest!« erklärt Onkel. »Was für ein Fest machen wir? Weihnachten oder einen Geburtstag?«
»Einen Geburtstag« ruft alles.
Es wird beschlossen, Jennys Geburtstag zu feiern, Jenny, die allezeit Hilfreiche, der gute Engel des Hauses, soll einen herrlichen Geburtstag haben.
Mit Ungeduld wird die Kaffeestunde erwartet, denn jeder will nachher »Besorgungen« machen. Meine Mutter und mein Bruder, die Familiendichter, verschwinden. Verse werden geschmiedet.
Onkel zieht sich in sein Zimmer zurück. Die Tür ist geschlossen, er kramt still darin umher. Ich öffne vorsichtig die Tür, Onkel steht an seinem großen Schrank mit den vielen Schubfächern, aus dessen Tiefen wunderbare Dinge ans Tageslicht kommen. Er hört die Tür gehen, wendet sich um und sieht meinen Kopf durch den Spalt lugen.
Sein liebes altes Gesicht mit den lustigen Augen strahlt, er hebt drohend den Finger: »Wirst du wohl? Mach, dass du fortkommst!«
Wir verteilen uns in den Läden des Städtchens, keiner darf wissen, was der andere plant. Vetter Hermann und ich gehen in die Nachbarhäuser, ein Gesangsquartett wird zusammengestellt und ein Morgenständchen einstudiert. Jenny sieht ein wenig kummervoll aus. »Aber sagt mir doch, warum soll gerade ich es sein, die Geburtstag feiert? Kann es nicht lieber jemand anderes sein?« Sie liebt es nicht, der Mittelpunkt unseres Kreises zu sein, und ist es doch, für uns alle!
»Nein, Jenny, gerade dein Geburtstag soll es sein!«
Sie fügt sich seufzend und hält in der Speisekammer unter ihren Vorräten Umschau. Der ganze Abend ist ausgefüllt mit geheimnisvollen Vorbereitungen, alles geht früh zu Bett.
Der Festtag bricht an, strahlend, voller Sonne. Die Freunde sind da, der Geburtstagstisch steht geschmückt auf der Veranda.

Was liegt alles darauf? Unmögliche, in der Eile zusammengeholte Sachen. Wer kein Geld hatte, etwas zu kaufen, gibt aus seinem Besitz etwas. Alle Geschenke sind mit Versen versehen, viele darunter voller Witz und Geist, manche mit den wunderlichsten Reimen und den schwankendsten Versfüßen. Alles ist mit Blumen und Lichtern geschmückt, in der Mitte des Tisches prangt der riesige Geburtstagskringel, das Gelbbrot, das nie zu einem Fest fehlen darf.

Das schönste Geschenk stammt vom Onkel. Es ist ein riesengroßes Sofakissen, das in der Verborgenheit seines Schrankes geruht hat; keiner wusste, dass er es besaß.

Am Korridor vor Jennys Zimmer haben sich die Sänger postiert; wir sind alle in Festkleidern. Nun ertönt der Gesang:

»Wie schön leuchtet der Morgenstern.«

Jenny steht in der Tür, etwas betreten, sehr gerührt, aber die Stimmung mit glänzendem Humor meisternd. Alles gratuliert. Jenny wird im Triumph an ihren Tisch geführt. Jeder zeigt sein Geschenk, liest sein Gedicht, das seine Gabe erklärt und herausstreicht.

Endlich sitzt alles am Kaffeetisch unterm großen Ahorn im Garten. Der schimmert im herrlichsten Blütenschmuck im Morgentau. Wohin man blickt, leuchtende, frohe Gesichter. Am frohesten ist Onkel.

Plötzlich erhebt er sich, er nimmt seine alte, graue Mütze von den weißen Locken, er hält sie in seinen gefalteten Händen, sein Blick ist emporgerichtet ins sommerliche Blau des Himmels; er betet: »Mein Herr und Gott! Ich danke dir, dass du uns diesen Tag erleben lässt, an dem du uns so viel Freude schenkst. Nimm unsern Dank entgegen, wir geben unsere Herzen in deine Hand! Amen. Und nun, Kinder, singt!«

Jubelnd steigt der Choral in die stahlende Morgenluft:

> *»Lobe den Herren, o meine Seele!*
> *Ich will Ihn loben bis zum Tod!«*

# 6

Ich komme von einem Besuch heim. Es ist noch nicht die Zeit des Abendessens, ich kann noch ein wenig durch die Straßen wandern. Aber erst werfe ich einen Blick in Onkels Studierstube. Da sitzt er in seinem Lehnstuhl, mit der großen, in Silber gefassten Brille, auf den Knien hält er die Bibel, seinen besten Freund hier auf Erden.
Ich stehe am Fenster und sehe zu ihm hinein. Er bemerkt mich nicht, so vertieft ist er.
Mein Blick umfasst mit stürmischer Liebe die gebeugte Gestalt mit dem lebensvollen Gesicht, das Zimmer mit den hohen Bücherborden, das kleine Sofa, dessen Sitz hart ist wie ein Stein, die alten Bilder an den Wänden, die zum Teil ohne Rahmen von Onkels Hand auf die Tapete geklebt sind. Ich sehe den Rokokoschrank aus Urväterzeiten mit den vielen Schiebfächern, in dem unter anderen Sachen auch Onkels Medizinen und Kräuter stehen, ich sehe die alten, dunklen Stühle. Kein Stück von allem möchte man missen oder an einer anderen Stelle sehen, denn so stand alles, seit mein Kinderfuß diese Schwelle überschritten hat.
Eine Bewegung, die ich mache, lässt ihn aufblicken; wie Sonne fliegt ein Lächeln über die vertrauten Züge. »Du bist es!« sagt er liebevoll. »Komm herein, ich habe ein herrliches Gotteswort für uns beide.«
Ich fasse das Fensterkreuz und schwinge mich im Augenblick durchs Fenster hinein ins Zimmer; da sitze ich schon auf dem gestreiften, hochlehnigen Stuhl, dicht neben seinem Schreibtisch.
Das gefällt Onkel. »Du bist ein feines Frauenzimmer«, sagt er anerkennend, »du machst keine Umstände, nun aber hör zu.« Es ist ein Kapitel aus dem Johannesevangelium, das er liest, das siebzehnte, das hohepriesterliche Gebet Jesu für seine Jünger und seine Gemeinde, das wie kein Wort sonst den festen, unlösbaren Zusam-

menhang Christi mit den Seinen bekundet: »Sie waren dein und du hast sie mir gegeben!«
Wie Onkel die Bibel las! Ganz, als wäre sie nur für ihn geschrieben, als spräche Gott mit jedem Wort direkt zu ihm, als stünde jeder Gedanke darin neu vor ihm und fasste seine Seele mit überwältigender Macht.
Und wieder ist mir's, als wäre die ewige Stadt da, nah, als brauchte man nur einen Schritt zu tun und träte durch ihre Perlentore, »in die Stadt der goldenen Gassen«, in Jesu unmittelbare Nähe.
Ein Glaube, stark wie ein Felsen, einfach und selbstverständlich wie das friedliche Lächeln eines Kindes, spricht aus ihm. Das ist Frömmigkeit, ein Glaube, der Berge versetzt.
Ein langes Leben mit der beglückenden Erfahrung von Gottes Gnade und Liebe, an jedem Tag neu – das ist es, was ich mit Ehrfurcht und Dank empfinde und vor mir schaue! Manchmal stockt seine Stimme, Tränen stehen in seinen Augen: mir ist's, als hörte ich der Engel Flügelrauschen um dieses liebe alte Haupt.
Wie vielen warst du mit der Kraft deines Glaubens, mit der Macht deiner Liebe ein Führer durch die Wirrnisse des Lebens zum Licht, zum ewigen Ziel, du Geliebter!
Seine Stimme schweigt, er nimmt die Brille von den Augen, faltet die Hände und blickt ins Abendrot. Er sagt leise vor sich hin: »O du mein Herr und Gott!«
Ich stehe auf und schlinge die Arme um ihn, meine junge Wange ruht auf seinen Silberlocken. »Ach, Onkel! Onkel!«

## 7

Wir sind alle zum Abend eingeladen zu einem befreundeten Ehepaar. »Es gibt Hühnerbraten und nachher Bowle im Garten«, flüstern die Vettern.

Fröhlich ziehen wir alle zum Fest.
Onkel geht nicht mit. »So schön wie mein Garten ist doch keiner«, sagt er, »ich bleibe zu Hause. Aber ihr müsst immer fortrennen!« Er hasst es, wenn wir ausgehen, und ist dann immer ein wenig verdrießlich.
Unser Kreis hat sich um einen vergrößert: Vetter Samuel ist angekommen, ein breitschultriger Student, mit dunklem, gewelltem Haar und prachtvollen, funkelnden Augen.
Er ist voll nie versiegender guter Laune, übersprudelnd von Einfällen, größter Schlagfertigkeit, und er hat ein heißes Herz. Alles erträgt er, nur keine Leere des Herzens, und seine Herzensköniginnen wechseln. Man raunt sich zu, er habe sich bei seinem Besuch hier zu den Osterferien in Elli verliebt – das ist die Jüngste unserer Nachbarstöchter – ja, man munkelt davon, dass er heimlich mit ihr verlobt sei.
Elli ist noch sehr jung, eben konfirmiert, mit einem lieblichen, zarten Gesicht und schönen, rätselhaften Augen. Sie ist sehr zurückhaltend; wir wissen nicht viel mit ihr anzufangen, und keiner weiß, ob seine Liebe von ihr erwidert wird oder nicht.
Wir beschäftigen uns viel mit Samuel, denn jeder Tag bringt neue, aufregende Fragen. »Sind sie verlobt oder nicht?« Diese Frage hält uns alle in Atem.
Vetter Samuel ist wohl der Bedeutenste aus unserem Kreise. Neben seinen hervorragenden Gaben ist er voller Tatkraft und Tüchtigkeit, voller Fleiß und Energie. So recht fürs Leben geschaffen, hat er den glänzendsten Weg von allen unseren Jugendgefährten gemacht. Sein Name als Prediger, Redner und Schriftsteller ist in Deutschland überall bekannt.
Er reizt mich, obschon ich ihn heimlich bewundere, einen uneingestandenen Respekt vor ihm habe und seine Witze dankbar belache. Trotz alledem reizt er mich! Wir sind nicht immer friedlich miteinander, es ist etwas in mir, was sich ihm entgegenstellt. Ich habe

den Verdacht, als hielte er nicht viel vom weiblichen Geschlecht, als dächte er, wir Mädchen müssten ihm alle zufliegen, wenn er nur wollte. Er ist verwöhnt und siegessicher; das hält mich immer in einer inneren Entfernung von ihm. Mein Gefühl zu ihm wechselt zwischen großem, warmem Vertrauen und tiefem Misstrauen. Ich bin noch ein unbewusstes Kind, aber manchmal ist es mir, als spielte er mit uns allen.

Wir haben unser Abendessen beendet, alles zieht in den Garten. Der Garten ist altmodisch, verwildert, voll schattig dunkler Gänge und tiefer Lauben. Wie haben ein Brautpaar unter uns, Vetter Hermann und Nachbars Jenny sind verlobt. Es liegt eine Atmosphäre von festlicher Freude, einer großen, schönen Liebe um die beiden; wie in einer Wolke gehen sie umher.

Die größte Laube des Gartens ist mit bunten Lampen geschmückt, auf dem Tisch steht die Bowle. Wir bilden einen schönen vierstimmigen Chor, singend wandeln wir durch die Gänge des Gartens. Die Bowle vereinigt uns in der großen Laube. Welch eine Fröhlichkeit, welch ein Lachen, was für frohe Lieder klingen durch die Sommernacht!

Nun soll ich singen, wir haben die Lampen gelöscht, der Mond steht am Himmel und breitet sein weißes Licht über uns.

Ich stelle mich unter einen Baum, gegenüber der Laube. Der Mond scheint auf mein weißes Kleid, meine langen blonden Zöpfe fallen mir über die Brust herab, ich habe die Hände gefaltet. Welch ein unbeschriebenes Blatt ist meine Seele! Ich singe:

> *»Eine blaue Schürze*
> *Hast du mir gegeben!*
> *Mutter, schad ums Färben,*
> *Mutter, schad ums Weben.*
> *Morgen in der Frühe*

*Wird sie bleich erscheinen,
Will zur Nacht so lange
Tränen auf sie weinen.«*

Mein Singen ist noch ohne Kunst, aber in meiner Stimme soll etwas klingen, das an die Herzen rührt. Ich singe aus meiner tiefsten Seele heraus.
Samuel hebt sein Glas. »Du sollst leben!« ruft er stark. Alles stimmt freudig ein. Dann verlassen sie die Laube, zerstreuen sich im Garten. Man sieht die hellen und dunklen Gestalten in den mondbeschienenen Gängen auf und ab wandeln, in der Tiefe des Gartens verschwinden sie; ich bin allein.
Da kommt es über mein junges Herz plötzlich wie Trauer. Eine Sehnsucht erfasst es und erfüllt es, eine Sehnsucht ohne Namen, ohne Ziel. Ich hebe meine Arme hoch empor, ich strecke sie in die weißen Mondstrahlen; so ist mir's immer, wenn ich gesungen habe. Als wüchsen mir Flügel und trügen mich doch nicht fort! Ich lasse meine Arme sinken und wandere gedankenverloren durch die Gänge, ich möchte keinem begegnen. So biege ich in eine Nussallee. In deren Mitte sehe ich Samuel stehen, Samuel und Elli. Sie stehen im Mondlicht, das durch die Bäume fällt. Sie hat ihre Arme um seinen Nacken gelegt, ihr Gesicht leuchtet schneeweiß, es ist zu ihm emporgewandt. Schimmernd liegt das Licht auf ihrem blonden Haar, auf ihrem hellen Kleid. Sein Gesicht sehe ich nicht, es liegt im Schatten. Da beugt er sich tief zu ihr herab und küsst sie, immer wieder, immer wieder auf ihr weißes Gesicht. Erschrocken bleibe ich stehen; ich wage nicht, mich zu rühren. Dann gehe ich leise fort, erbebend, als hätte ich etwas geraubt, tief im Herzen erschauernd.
Da kommt Georg im eiligen Lauf auf mich zu, er hält mich fest. »Ich will dir etwas sagen«, flüstert er, »sie sind verlobt.«
»Ich weiß es«, sage ich leise.

8

»Heute haben wir einen Plan«, sagt Georg; »wir wollen die Nacht in den Steinbrüchen in Müntenhof zubringen und erwarten dort den Sonnenaufgang. Wir halten uns ganz ruhig, bis die Alten schlafen, dann ziehn wir los.«
Ich bin so aufgeregt, dass mir die Freude wie ein Strom durch alle Adern rauscht, ich kann mich gar nicht beherrschen. Wie lang dieser Tag doch ist!
Endlich ist das Haus verstummt, alles ruht. Wir treffen uns heimlich im Garten, alle sind wir da. »Tante Fritzchen«, den Jahren nach unsere Älteste, dem Herzen nach unsere Jüngste, hat den stolzen Ruhm, unsere »Ehrendame« zu sein.
Wir wandern flüsternd, lachend durch die lichte Sommernacht, an den stillen Gärten, an den schlafenden Häusern der Stadt vorbei, hinaus in die schweigenden Felder, in den Wald mit den Steinbrüchen. Wir kennen dort eine tiefe Höhle. Über ihren Eingang hängen Brombeerranken und das Wurzelgeflecht der Bäume. Große Steine liegen darin verstreut.
Ein Feuer wird am Eingang entzündet, die Höhle wird behaglich eingerichtet. Plaids werden auf die Steine gebreitet, eine Weinflasche mit Gläsern wird hervorgeholt, Konfekt auf Klettenblättern geordnet.
Nun brennt das Feuer und wirft seinen Schein weit hinein in die Dunkelheit der Wälder; beleuchtet unsere jungen Gesichter. Alles hat sich gelagert, die Gläser werden gefüllt. Wir singen, plaudern, lachen, sind auch ernsthaft, diskutieren über Lebensanschauungen, über Leiden, über Heine und Goethe. Die Vettern und Bruder Karl halten Reden, fortreißende, stürmische, über das Glück, über die Freude, sie deklamieren über Gedichte. Karl, Samuel, Georg sind Dichter.
Die Stimmung wird immer begeisterter. Georg erhebt sich; er hat ein Gedicht gemacht, das die Stimmung

dieser Nacht ausspricht. Er steht da, hell vom Feuer bestrahlt, und hebt sein Glas:

> *»Da, das Glas, du träumender Geselle,*
> *Sieh, ich bring es dir mit heiterm Gruß!*
> *Trink ihn aus mit vollen, durstgen Zügen,*
> *Dieser nächtgen Stunde Hochgenuss.*
>
> *Durch den weiten Bogengang der Grotte*
> *Schimmert bleich die helle Nacht herein,*
> *Halbgestürzte Waldesriesen hangen*
> *Müde über bröckelndem Gestein.*
>
> *Draußen stille Sommernacht. Wir sitzen*
> *Um ein prasselnd Feuer, froh gesellt.*
> *Wie der Rauch sich aufballt, düster glühend,*
> *Von der Flammen roter Glut erhellt!*
>
> *Da, das Glas, du träumender Geselle!*
> *Draußen Nacht und drinnen helle Glut!*
> *Scheite drauf! Und gieß den Wein hinunter,*
> *Frühlingstrunken ist mir schon zumut!«*

Schön und strahlend steht er da, in der Kraft und im Glanz seiner Jugend, mit dem Herzen voll brennender Lust am Leben. Ein Menschenkind, geschaffen, um Freude und Licht zu tragen, dort, wo er hinkam, und – er brach die Herzen derer, die ihn liebten!
Hätte er als Ritter durch die Welt ziehen können, auf Abenteuer aus, hätte er beim Turnier in die Schranken reiten, Drachen töten, gefangene Jungfrauen befreien oder als Troubadour mit der Zither im Arm bei rauschendem Brunnen an heimlichen Söllern stehen und singen können, das wäre sein Leben gewesen! Aber arbeiten, lernen, Examina machen, einen bürgerlichen soliden Lebensberuf ergreifen – das konnte er nicht.

Aber Gott fand diese Seele, die trotz allem Leichtsinn so voller Schönheit war. Er ging ihr nach, er zerbrach sie in ihrem Glanz, bis sie sein Eigentum war und, groß und ritterlich kämpfend, den Weg des Leidens ging und dann heimgehen durfte, dorthin, wo Irren und Leiden ein Ende haben.

Wer von uns ahnte aber jetzt etwas davon? Wer unter allen, die wir da so voller Zuversicht ums Feuer saßen, wusste etwas vom Leben und Leiden, das ihm bevorstand? Wer ahnte etwas von den Schmerzen, die so mancher aus unserem Kreis noch dem andern bereiten würde? Kein Schatten von all dem trat vor unsere frohen Seelen.

Die Stimmung stieg, die leere Flasche wurde in weitem Bogen an die Wände der Höhle geschleudert, wo sie klirrend zerbrach. Ihr folgten die Weingläser.

Das Feuer erlischt, wir treten hinaus vor die Höhle, eine tiefe Dämmerung erfüllt den Wald.

»Auf zur Kanzel!« ruft eine Stimme. »Ja, ja zur Kanzel!« Das ist ein flacher, vorspringender Stein, hoch über den Abhang ragend.

»Wir machen ein Feuer auf der Kanzel!« schlägt jemand vor.

Bald lodern die Flammen durch den dämmernden Wald, wir sitzen unten im Moos und sehen ihnen zu, bis die Glut verlöscht und das Morgenrot durch die Zweige bricht.

Die jungen Leute treten das Feuer aus, schleudern die Reste von der Kanzel. Ein Funkenregen fliegt durch den Wald, fällt zu Boden, erlischt.

Wir wandern heim, die ersten Sonnenstrahlen liegen über den Wiesen, als wir aus dem Wald treten. Alles glitzert vom Tau. Die Stadt liegt vor uns im Morgenglanz.

Wir gehen an den schlafenden Häusern vorbei, unsere Schritte schallen laut in dem tiefen Schweigen der einsamen Gassen.

Nun sind wir daheim, Georg klettert über die Pforte und öffnet sie von innen. Wir gehen in den Garten, schlafen will man noch immer nicht.
Wir sind hungrig geworden. Die Vettern schaffen Rat. Von der Veranda kann man in den Keller, von dort in die Speisekammer gelangen. Flüsternd, vor Lachen fast erstickend, damit die »Alten« nicht erwachen, tragen wir Tische und Stühle in den Garten hinaus. Auf der Veranda zeigt sich eine Falltür, die geöffnet wird. Georg und Samuel lassen sich in den Keller hinab. Sie erscheinen bald mit Brot und Butter, sogar eine Flasche Bier haben sie entdeckt.
Mit ihren Taschenmessern wird das Brot zerschnitten, und wir essen mit herrlichem Appetit. Nun in die Betten, denn am Kaffeetisch darf keiner fehlen!
Als wir ein wenig verschlafen später im Speisezimmer erscheinen, droht Onkel lachend mit der Faust: »Na, wie ist der Wald in der Nacht, ihr Halunken?«
»Oh Onkel, noch viel tausendmal schöner als am Tage!«
»So, so. Nun aber trink deinen Kaffee, sonst werden deine roten Wangen blass, und das fehlte noch gerade!«

> *»Wie sind wir doch im Wandern*
> *Seitdem so weit verstreut!*
> *Fragt einer nach dem andern,*
> *Doch niemand gibt Bescheid.*
>
> *Rauscht nur der Wald im Grunde*
> *Fort durch die Einsamkeit*
> *Und gibt noch immer Kunde*
> *Von unserer Jugendzeit.«*

# 9

»Kinder! Kinder!« Es ist Onkels Stimme, die durch den Garten ruft.

In Hast stürzen wir zur Veranda, von deren Stufen der Ruf erschallt, über Beete und Beerensträucher in eiligem Lauf hetzend. »Was gibt's? Was gibt's?«

Onkel steht auf der Veranda mit einem großen Korb, wir blicken hastig hinein.

»Eier! Ein ganzer Korb voll Eier!«

»Ja«, sagt Onkel, »den brachte mir eben eine Bäuerin, ich opfere ihn euch! Was soll damit geschehen?«

»Wir wollen Goggelmoggel!« (Geklopftes Ei mit Zucker.) – »Nein, Eierkuchen.« – »Nein, Ochsenaugen.« – So ruft es durcheinander. Wir einigen uns auf Ochsenaugen.

»Gut«, entscheidet Onkel, »zu Mittag sollt ihr Ochsenaugen haben, und jeder soll davon essen, so viel er irgend kann!«

Nun geht es eilig mit dem Korb zu Jenny in die Küche.

»Jenny! Jenny! Heute soll es hundert Ochsenaugen geben ...«

Jenny schlägt die Hände zusammen. »Na, das wird eine Arbeit geben, die alle zu braten!«

»Wir helfen!« rufen wir im Chor.

»Das kenne ich«, meint Jenny lachend. »Macht nur, dass ihr aus meiner Küche kommt. Denkt euch lieber was aus, um das Ochsenaugenfest zu verherrlichen.«

Wir sind nun alle voll eifriger Vorbereitungen. Karl verschließt sich in seinem Zimmer – er dichtet.

Wir schmücken den Mittagstisch im langen Speisezimmer, an dessen dunklen Wänden als einziger Schmuck Leonardo da Vincis Abendmahl und Kaiser Nicolai und seine Gemahlin in blauer Rahmung hängen. Einer von uns hat den Einfall, die Speisekammer Jenny zu Ehren zu schmücken.

Es ist die Zeit der Jasminblüte. In Massen werden die weißen, duftenden Zweige im Speisezimmer verteilt, die Speisekammer mit ihren Töpfen und Gläsern ist voller Jasminblüten, sogar am Schinken hängt ein Strauß.
Eilig wird ein Quartett probiert.
Die Mittagsstunde ist da! In Festkleidern, mit Jasminblüten geschmückt, sind wir alle erschienen, sogar Onkel hat eine Blüte an seinem grauen Rock.
Wie freudig hält er das Tischgebet! Aller Hände falten sich. »Du gibst ihnen Speise zu seiner Zeit und füllst alles, was lebt, mit Wohlgefallen«, betet Onkel.
Alles sitzt auf seinen Plätzen, erwartungsvoll den Blick auf die Küchentür gerichtet. Jenny erscheint, hinter ihr die Magd mit einer Riesenschüssel, auf der die Ochsenaugen liegen. Ein markerschütternder Jubel bricht los.
»Nun aber schweigt und esst!« ruft Onkel
Als der erste Sturm vorüber ist, erhebt sich Karl. Es sind Neckereien in Knittelversen, die manche kleine Schwäche geißeln, aber es geschieht mit so viel Humor, dass der Betroffene selbst am meisten lacht.
Wie viele Ochsenaugen an dem Tag verzehrt wurden, wer weiß es, wer konnte das feststellen!
Als wir uns, müde vom Lachen und gesättigt, vom Tisch erhoben, sollte Jenny ihre Huldigung erhalten. In feierlichem Zuge wurde sie in die Speisekammer geführt. Karl las ein Gedicht vor, das sie und den gesegneten Raum verherrlichte. Kopf an Kopf standen wir in der engen, kühlen Kammer. Jetzt noch zum Schluss ein Quartett, das mit seinem übermütigen Jubel die Gläser auf den Boden klirren ließ, dann war das Fest zu Ende.
Alles schläft im Haus. Ich sitze allein im Garten, der voller Zentifolien- und Jasminduft ist. Schwalben schießen jauchzend durch die Luft. Ach, wenn dies Leben doch nie ein Ende hätte!

## 10

Ich trete in den Saal und sehe Tante Adele an ihrem Nähtisch sitzen, ihr Gesicht so sorgenvoll. »Was hast du?« frage ich, bestürzt zu ihr tretend.
»Ach«, sagt sie. »Du musst mir helfen! Mein alter Herr« – wenn sie ärgerlich war auf ihren lieben Mann, nannte sie ihn immer so –, »mein alter Herr macht wieder einmal einen dummen Streich, der ihm große Unannehmlichkeiten bereiten kann.« Und sie erzählt von einem offiziellen Schreiben, das er von seiner Obrigkeit erhalten hat. Er ist »Kronsarzt« und erhält dazwischen Befehle von seiner Obrigkeit aus Petersburg. Sehr oft fügt er sich ihnen nicht, wenn ihm diese Verordnungen nicht passen, wirft er sie in den Papierkorb und überlässt die Sache Gott.
Manchmal schon stand es schlimm um ihn, er sollte sein Amt verlieren; hätte er in Petersburg nicht hoch stehende Freunde gehabt, die seine Angelegenheit immer wieder in Ordnung brachten, wäre er längst von seinem Posten entfernt worden.
»Heute kam wieder solch ein offizielles Schreiben«, fährt Tante Adele fort. »Mein alter Herr war sehr verdrießlich und wetterte den ganzen Morgen über Unvernunft, die Unsinn mache. Darauf verschwand er in sein Zimmer, erschien dann in glänzender Laune und ging in seinen Garten. Als ich eine kleine Nachforschung in seinem Zimmer anstellte, fand ich das offizielle Schreiben im Papierkorb; es enthielt eine direkte Warnung für ihn. Das geht doch nicht, er verliert noch Amt und Brot. Kannst du nicht etwas bei ihm ausrichten?«
Stolz über meinen Auftrag laufe ich in den Garten. Onkel steht in seinen Erbsenbeeten mit der Mütze tief im Nacken, er ist strahlend vergnügt. Ich lobe seine Erbsen und fange an, mich eifrig beim Pflücken zu beteiligen, in meinem Kopf nach einer Einleitung für

meine Mission suchend. Doch hilft ja bei Onkel keine Diplomatie; er hat solch eigene Art, einen mit listigem Augenzwinkern überlegen anzulächeln. »Sag ordentlich und klar geradeheraus, was du willst!« fordert er einen dann auf, und man ist von vornherein im Nachteil.
Also, es ist am besten, ich springe mit beiden Füßen hinein in die Gefahr. Aber ich kenne Onkels Heftigkeit, wenn man ihm entgegentritt. Er ist absoluter Selbstherrscher, der keinen Widerspruch verträgt. Ich hole tief Atem.
»Onkelchen!«
Er sieht überrascht auf, ein leises Missbehagen fliegt über sein Gesicht, er wittert etwas, denn sein Gewissen ist nicht ganz rein.
»Na also! Was gibt es?«
Ich nehme mich zusammen. »Du hast heute ein Schreiben von deiner Obrigkeit erhalten und hast es nicht beachtet«, sage ich mutig. »Tante Adele macht sich große Sorgen darum. Der Medizinalrat hat schon neulich gesagt, er könne nichts mehr für dich tun, wenn du immer deiner Obrigkeit entgegentrittst. Bitte, gehorche ihr doch dies eine Mal!«
Sein Gesicht wird rot vor Zorn, er schluckt einige Male, er will seine Heftigkeit durchaus niederhalten. Dann setzt er zum Sprechen an, schweigt aber noch.
Ich werde kühn. »Onkelchen! Die Obrigkeit ist doch von Gott, und wir sollen ihr gehorchen, auch ›der wunderlichen‹, sagt die Bibel.«
Ich sehe ihn ganz stolz an, er lässt mich wirklich ausreden. Dann spricht er, mit einer völlig unnatürlich sanften Stimme. »Mein liebes Kind, wer gab mir meinen Verstand?«
»Gott«, sage ich betreten.
»Wozu gab er ihn mir? Um ihn zu gebrauchen oder um ihn in die Tasche zu stecken?«
Ich sehe, meine Sache wird hoffnungslos. »Um ihn zu gebrauchen«, sage ich kleinlaut.

»Also«, sagt er triumphierend, »das siehst du selbst ein! Wenn Gott mir nun mehr Verstand gegeben hat als meinen Vorgesetzten, die Esel sind«, das schrie er plötzlich ausbrechend heraus, »dann wäre ich ja dümmer als sie, wollte ich nicht meinen Verstand gegen ihren Unsinn behaupten!«

Seine Heftigkeit war mit diesen Worten verraucht. »So, mein lieber Singvogel, die Sache wäre erledigt«, sagt er dann freundlich wie eine Sonne, »sie bedarf keiner Worte mehr. Das Papier bleibt im Papierkorb, wo es hingehört, und die Herren in Petersburg mögen sehen, dass ich für keine Dummheiten zu haben bin. Ich bin und bleibe der alte Bauerndoktor Hermann Hesse in Weißenstein!«

Dabei nimmt er seine Mütze ab, schwenkt sie duch die Luft, setzt sie sich dann noch tiefer in den Nacken und blinzelt mich so lustig an, dass ich, in Lachen ausbrechend, über die Beete in seine Arme springe. Ganz einig gehen wir ins Haus zu Tante Adele.

»Da sie ein vernünftiges Mädchen ist«, sagt Onkel mit einem Ausdruck von Schelmerei im Gesicht, »so ist sie natürlich ganz meiner Meinung.«

»Tante Adele«, rufe ich, »sei ruhig, sie tun ihm nichts, das sollst du sehen. Ach, wer könnte wohl dir was antun, du goldener, lieber alter Onkel du! Alle müssen doch einsehen, dass du Recht hast.«

Tante Adele sieht sich völlig verlassen von ihrer Helferin, die mit fliegenden Fahnen ins feindliche Lager übergegangen ist. Sie muss trotzdem lachen.

»Ist sie nicht ein kluges Mädchen?« sagt Onkel wohlgefällig. Dann geht er in sein Zimmer.

Es riecht bald nach verbranntem Papier, er hat die Bannbulle endgültig vernichtet.

# 11

»Kind, ihr müsst Tante Cessi euren Besuch machen«, mahnte Tante Adele. »Es ist eine Schmach für euch, dass ihr immer noch nicht bei der alten Dame wart.«
Tante Cessi ist eine alte Baronin, die in einer der Hinterstraßen Weißensteins ein Haus mit einem köstlichen Garten besitzt. Sie ist Tante Adeles Kusine.
Ich gehe gern hin. Es ist eine feine Atmosphäre aus alter Zeit da, mit Rosen- und Lavendelduft, und Tante Cessi ist zart und poetisch, wie ein welke Blüte.
Aber die Vettern sind anderer Ansicht. »Man muss dort so scheußlich vornehm sein!« sagt Georg. »Man denkt immer, man tritt jemand auf den Fuß oder zerbricht was. Angefangen mit Tante Cessis zarten Händen!«
Nun sind wir auf dem Weg zu ihr, alle im Feiertagsgewand; so muss es schon sein.
Ich halte mich bei solchen Gelegenheiten lieber zu Hermann als zu den beiden anderen Vettern, mit denen man auf dem Weg so viel lachen muss, dass man, wie Mutter sagt, »verwildert« ankommt und dann immer zur Unzeit loslacht, was Tante Cessi nicht versteht und wozu sie ganz erstaunte Augen macht.
Jetzt stehen wir vor dem Haus. Es ist das niedlichste in ganz Weißenstein; einstöckig, blitzblank, mit hellen Fenstern, hinter denen man Blumen und weiße Mullgardinen erblickt. Die Messingtürklinke funkelt in der Sonne.
Wir ziehen die altmodische Klingelschnur mit Messinggriff. Auf ihren hellen Ton hört man leise Schritte, ein alter Diener mit weißem Haar und stillem, frommem Gesicht erscheint. »Ja, die Baronin ist zu Hause, sie wird sich freuen.«
Wir treten ein. Eine ganz alte Zeit umfängt uns mit ihrem wunderbaren Zauber verschollener feiner Lebensart. Die Dielen sind schneeweiß, ungestrichen, getupfte Mullgardinen an den Fenstern; schöne alte Mahagoni-

möbel, alte Tassen in einem Glasschrank, kleine feingearbeitete Tische, zierliche Stühle füllen das Zimmer, in das wir treten. An der Wand steht ein Tafelklavier auf dünnen Beinen, auf dem man nur Menuetts von Couperin oder Mozart spielen könnte, zu dessen Klängen man nur »Die letzte Rose« oder »An Alexis send ich dich« singen dürfte.

Nun steht Tante Cessi auf der Schwelle. Ihr kleiner Hund mit langem, weißem, gepflegtem Haar kläfft ein paar Mal nach uns hin. Er geht auf eine Mahnung seiner Herrin in sein Körbchen, das neben ihrem Lehnstuhl steht, knurrt leise vor sich hin und legt sich dann zufrieden in seine Kissen. Tante Cessi ist klein und zierlich, mit weißem, gewelltem Haar unter einem lichten Blondenhäubchen. Sie hat ein grauseidenes, altmodisches Kleid an, mit einer Mantille um die Schultern. In ihren kleinen Händen hält sie ein Taschentüchlein, ihr Gesicht mit den klaren Augen ist rund und kindlich, ihre Augen sind voll Güte; sie können so rührend hilflos blicken.

Die Vettern küssen ihr ritterlich die Hand und bekommen einen Kuss auf die Schläfe. So forderte es die damalige Sitte in Estland. Als ich mich zum Handkuss niederbeuge, umarmt und küsst sie mich.

Wir sitzen bei ihr und plaudern, die Tür zum Garten ist offen, Düfte von Levkojen, Reseda und Zentifolienrosen strömen herein. Es ist eine Atmosphäre von wunschloser Stille, in der Tante Cessi lebt.

Sie erzählt von alten Zeiten, vom Verkehr damals, von ihren Freunden, und wie sie nun einsam geworden sei; keiner von ihren Jugendgespielen lebe mehr.

»Ja, ja!« sagt sie. »Ihr seid alle jung und haltet zusammen, aus eurem Kreis fehlt noch keiner; wenn man aber so alt ist wie ich und niemand hat, zu dem man sagen kann: ›Weißt du noch?‹ dann ist es manchmal recht wehmütig. Wenn es so weit in eurem Leben ist, dann denkt an mich.«

Wir lächeln ein wenig, denn dieser kleine Schlussseufzer ist uns wohl bekannt, der kommt jedes Mal. Wenn wir bei ihr zu Besuch sind. Warum nur bleibt er heute so seltsam bei mir haften, es klingt wie eine leise Traurigkeit in mir nach. Solch ein einsames Leben! Wohl ein Ruhehafen, aber ach, ein so gar stiller! Nein, nein, danach sehne ich mich nicht. Wie muss es aber sein, wenn das Leben so wunschlos zwischen Blumen, alten Bildern und alten Erinnerungen hinfließt? Wenn man alleine bleibt?

Ach was! Das Leben liegt ja vor einem, reich, stark, schön, mit großen geheimnisvollen Verheißungen in der Zukunft, die man alle noch erleben wird. Wir sind jung, gesund und froh, ein großer Kreis. Wer denkt da an Alter, an Einsamkeit? Darüber lacht man nur.

Ja, damals lachte man aus der Fülle seines Reichtums heraus. Und heute? Es sind nur noch ganz wenige da aus jener Zeit, zu denen ich leise sagen kann: »Ach, weißt du noch?« Bald sind auch die fort, und man bleibt ganz allein.

> *»Immer heißer der Tag,*
> *Immer kühler die Nacht!*
> *Immer stiller und ernster das Leben!«*

## 12

Als wir eines Morgens früh ins Speisezimmer kommen, ist an der Tür ein großes Plakat befestigt: Eine Zeitung wird angekündigt. Sie soll »Die Wespe« heißen, jeden Sonnabend erscheinen, und mit glühenden Worten wird zum Abonnement geladen. Eine große Sparbüchse mit einem Siegel daran hängt neben dem Plakat. Alles im Hause abonniert.

Georg und Samuel, die beiden Redakteure, verschwinden um bestimmte Stunden im »Bruderloch« – so wird ihr Zimmer genannt. Sie brechen dann dazwischen wie wilde Leute aus ihrem Lokal, um sich Anregung oder Beiträge für ihr Blatt zu verschaffen.

Endlich ist der Sonnabend da, die Zeitung wird am Kaffeetisch erwartet. Der Tisch ist festlich gedeckt, der Kaffee duftet in der blanken Kaffeekanne, die frischen Kümmelkuchen füllen die Brotkörbe.

Die Redakteure betreten das Zimmer in würdiger Haltung. Samuel liest vor. Wie viel Unsinn ist auf diesen Bogen vereinigt, wie viel Witz und Laune, wie viel harmlose Bosheit! Dazwischen ein ernstes Gedicht, voll Poesie und Sehnsucht, ein heißer Aufsatz voll dunkler Fragen und Rätsel, voll Schwärmerei und Schwung. Ach, und alle so jung, so jung! Wehe aber, wenn einer oder der andere in der Woche sich etwas zu Schulden kommen ließ, sich irgendeine Blöße gab! Erbarmungslos wird er dafür in der »Wespe« gegeißelt.

Regelmäßig erscheint am Sonnabend die Zeitung, Stürme von Heiterkeit entfesselnd.

Plötzlich werden die Redakteure lahm, sie arbeiten nicht mehr, sie machen vage Andeutungen, als fiele ihnen nichts mehr ein, als wäre »jeder Sonnabend« zu häufig für ein solches Blatt. Wir drohen, unser Abonnement zurückzuziehen, von hüben und drüben fallen spitze Bemerkungen. Wir freuen uns ganz besonders auf den Sonnabend, denn eine Niederlage, eine Armutserklärung dieser beiden Unbesiegbaren wäre ein unbeschreiblicher Spaß. Wir sitzen erwartungsvoll um den Kaffeetisch, was werden sie sich ausgedacht haben?

Da erscheinen die beiden Redakteure, ernst und düster blickend. Das Blatt legen sie vor Onkel hin, es ist von Anfang bis Ende geschwärzt.

»Von der Zensur verboten.«

## 13

Onkel Hermann und ich sind auf dem Kirchhof. Diesen Gang lieben wir beide. Wir gehen Hand in Hand von einem Grab zum anderen, lesen die Namen, lesen die Sprüche auf den Kreuzen. Onkel kennt sie alle, die hier liegen, und weiß von jedem zu erzählen.
Wir stehen vor einem herrlich geschmückten Grab, ein hohes Marmorkreuz mit einem Frauennamen erhebt sich auf der Grabstätte. Ein kostbares Gitter schließt sie ab, mit einer schön gearbeiteten Tür. Onkel lehnt sich schwer auf das Gitter. »Ja, ja!« sagt er dann nur auf meinen Ausruf der Bewunderung für diesen Platz, der sich merkwürdig von den schlichten Gräbern seiner Umgebung abhebt. Er schweigt lange, und Trauer liegt auf seinem Gesicht; dann erzählt er:
»Hier liegt eine Mutter, deren einziger Sohn ihr das Herz brach. Er hat sie verlassen und sie einsam leben und sterben lassen. Sie war zu einfach, er war reich und vornehm geworden. Und er heiratete eine stolze Dame draußen in der Welt. Die Mutter hat sie nie gesehen, sie schlug sich allein und dürftig genug hier durch. Ihre Armut grämte sie nicht, aber dass ihr Sohn sie verleugnete, das grämte sie. Dann wurde ihm ein Sohn geboren, jeden Sommer wartete sie, dass er ihr das Enkelkind bringen würde; jeden Frühling sagte sie: ›Diesen Sommer kommen sie sicher!‹ Sie schmückte ihre kleine Wohnung, bepflanzte ihr winziges Gärtchen mit Dingen, die er gern hatte, sie wartete mit zäher, nie wankender Mutterliebe. Er kam nicht, es war wieder vergebens, er schob sein Kommen immer wieder hinaus, unter den nichtigsten Vorwänden. Da wurde sie krank. Ich besuchte sie, ihr Herz war voll Bitterkeit. Ich schrieb ihm, es gehe zum Sterben; doch er fand noch immer keine Zeit, zu kommen. Ich habe oft mit ihr gebetet. Gott nahm ihr die Bitterkeit aus dem Herzen, sie konnte in Frieden sterben. Da kam der Sohn zur

Beerdigung, ich ging zu ihm und sagte ihm alles. Er hat mir nicht viel erwidert. Am Beerdigungstag sah ich ihn am Grab der Mutter, er blickte nicht nach mir hin. Vor seiner Abreise sah ich ihn noch einmal hier sitzen, ganz still. Er dachte, er sei allein. Ich hörte ihn seufzen und murmeln: ›Mutter, ach Mutter!‹ Ja, Gott redete mit ihm. Nun bestellt er jedes Jahr etwas Neues für ihr Grab, dieses Jahr ist es das schöne Gitter gewesen. Von dem allen hat sie ja nun nichts, und sein Gewissen wird ihn nicht loslassen. Ach, Kind! Wollen wir uns lieben, solange es Zeit ist.«

Wir gehen schweigend weiter.

»Hier«, sagt er, »sieh dir dieses Grab an, hier liegt ein Mann, der seiner Frau viel Herzeleid bereitet hat. Sie hatten sich lieb, als sie sich heirateten. Dann fing er an zu trinken, verlor seine Stelle, sie erwarb mühselig für sich und ihr Kind, was sie brauchte, zuletzt arbeitete sie auch für ihn, denn er erwarb nichts. Nun ist er seit Jahren tot, ihr Sohn erwachsen, siehst du, wie schön gepflegt dieser Hügel ist? Sie hat Jahre gespart, gedarbt, bis sie ihm das Kreuz hat auf sein Grab setzen können. Lies, was auf dem Sockel des Kreuzes steht.«

Ich beuge mich vor und lese: »Die Liebe höret nimmer auf.« Ich aber fühle keine Rührung, mein junges Herz ist voller Empörung; ich schweige.

»Das war eine Christin«, sagt er dann ernst, »und eine echte Frau!«

»Eine schwache Frau«, sage ich empört, mit der ganzen Strenge meiner achtzehn Jahre.

»Mein gutes Kind«, sagt Onkel, »möchte Gott dich einmal auch so lieben lehren. Das ist das Größte, was du lernen kannst.«

»Aber lieben heißt doch: ehren und bewundern.«

»Davon sagt die Bibel nichts«, erwidert Onkel. »Lieben heißt lieben, und damit Punktum. Lies doch einmal im Korintherbrief nach, dann weißt du es.«

Wir gehen weiter. Von jedem Grab weiß Onkel ein kurzes Wort zu sagen. Und es ist das alte Gesetz, das gilt, solange die Erde steht, vom Werden und Verstehen, vom Blühen und Sterben, was dieses Stückchen Erde predigt.

> *»Denn alles Fleisch, es ist wie Gras*
> *Und alle Herrlichkeit des Menschen*
> *Wie des Grases Blume.«*

Jetzt sind wir vor unsere Gräber gekommen. Ich habe Blumen in der Hand, damit schmücke ich das Grab meiner Tante Lina, Onkels heiß geliebter zweiter Frau, die hell und froh wie ein Frühlingstraum durch sein Leben ging, wenige Glücksjahre. Und während ich das Grab schmücke, sitzt Onkel nebenbei auf der Bank und erzählt von ihr und seiner kurzen Ehe.

Sie ersteht vor mir in ihrer ganzen anmutigen Mädchenhaftigkeit, ich höre ihr silbernes Lachen, wie es durch sein Leben geklungen, und ich höre von ihrer Sterbestunde und wie sie ihrem Mann beim Scheiden sagte: »Ich muss fort! Ich bin auf Erden zu glücklich gewesen.«

Ich sitze neben ihm und höre ihm zu und sehe auf den kleinen grünen Hügel. Kann so viel Liebe, so viel holdes Leben unter einem kleinen Erdhügel enden? Nein, ach nein! Das wird Gott aufnehmen und es wieder erstehen lassen, einstmals in seinem Reich, goldener, strahlender, sündenloser als hier auf Erden.

Vom nahen Felde jauchzen die Lerchen.

»Nun komm heim«, sagt Onkel, »es wird spät!«

Wir gehen über die einsamen Landstraßen, das Abendlicht liegt auf allen Wegen. Wir schweigen beide. Ich denke an die Stunde, wo Onkel diesen Weg ging, hinter ihrem Sarg, die er so sehr geliebt. Daheim in der Wiege lag ihr kleiner Sohn, nur wenige Tage alt.

Und nun war ihr Platz wieder ausgefüllt, das Haus wieder voller Lachen und voll jungen Lebens, und die

Wahrheit, dass sich jede Wunde auf Erden schließt und dass jeder, jeder Schmerz ein Ende hat, griff an mein junges Herz. Dass das ein Geschenk, ein großes, von Gott ist, fühlte ich damals nicht. Meine ganze Seele lehnte sich dagegen auf. Vergessen werden? Verwinden? Nein, wie konnte das nur sein! Ich wollte gewiss nicht vergessen, nie verwinden, wenn ich einmal Schmerzen leiden müsste.

Wir sind daheim und stehen an unserer Treppe. Onkel bricht das Schweigen. »Du lachst, wie sie lachte«, sagt er, »und das tut meinem alten Herzen wohl!«

Tante Adele steht in der Haustür. »Nun«, sagt sie, »ich sah nach euch aus. Wo wart ihr denn so lange?«

»Bei meiner Lina«, sagt Onkel.

Sie beugt sich zu ihrem Mann, mit gütigem Lächeln, er nimmt ihre Hand, drückt sie still und geht ins Haus.

Mir bricht es plötzlich aus der Seele, dass ich weinen muss, und ich schlinge die Arme um Tante Adele und lehne mich an ihre Schulter.

»Warum weinst du?« fragt sie mit leisem Staunen.

»Ach, dass alles auf Erden vergeht und nie, nie mehr wiederkehrt!« sage ich schluchzend. »Und dass alle, auch die tiefsten Schmerzen vergessen werden können. Und dass die liebsten Menschen sterben – und wir, wir können wieder glücklich sein!«

14

»Ich brauche Geld für meine Armen«, sagt Onkel eines Morgens beim Kaffeetisch, »macht doch ein Kirchenkonzert, Kinder!«

Entzückt nehmen wir diesen Gedanken auf. Der Tag wird festgesetzt, wir halten Beratungen übers Programm, eine fieberhafte Tätigkeit beginnt. Quartette, Duette werden geübt, Programme werden geschrieben. Knaben aus dem Waisenhaus, Onkels Privattruppen, stürzen wichtig mit Konzertanzeigen von Haus zu Haus. Außer unseren Hausmusikanten wirken noch Sommergäste mit. Es ist erstaunlich, was schließlich zusammenkommt; und wenn mir jetzt eins von den alten Programmen in die Hände fällt, wundere ich mich darüber, was wir im Städtchen alles zustande brachten, wie reichhaltig und wie künstlerisch doch die Programme waren. Ich war immer die Gesangssolistin der Konzerte, und mit größerer Andacht, Freude und Liebe habe ich wohl nie in meinem Leben später gesungen als in dieser anspruchslosen kleinen Kirche mit den hingerissenen, dankbaren Zuhörern.

Die Tage vor dem Konzert waren Festtage, die Proben in der Kirche waren schon voll Freude und Weihe, und man wurde so unbeschreiblich verwöhnt, mehr noch als sonst. In Onkels großem Schrank steckten die schönsten Bonbons. Jenny winkte mich in die Küche, wo lauter Leckerbissen für mich gebraten und gebacken wurden.

Endlich kam der Tag heran. Wagen auf Wagen rollten vom Land her über das holprige Straßenpflaster, und man kannte sie alle, die alten, schwerfälligen Kutschen, die leichten Kaleschen, die einfachen kleinen Landwagen. »Ach, die Kaltenbrunnschen, die Öthelschen, die Kerroschen!« Keiner fehlte.

Und nun war die Stunde da, die Vettern zogen in ihren besten Röcken an die »Kasse« zum Billettverkauf. Onkel in seinem schwarzen Staatsrock, sogar mit hohem Stehkragen, nahm mit einem Segenswort von mir Abschied und ging am Arm seiner Frau, die im grauen Seidenkleide gar stolz und prächtig einherschritt, über den Marktplatz. Dann folgte ich, mit Herzklopfen, begleitet von Vetter Hermann, der bei solchen Gelegenheiten mein Ritter war. Oft denke ich an diese bescheidenen Konzerte zurück, wenn ich in den Konzertsälen der großen Städte berühmte Künstler höre und dann mein Blick das elegante, müde Berliner oder Londoner Konzertpublikum streift, das oft so gelangweilt auf seinen Plätzen sitzt. Für das Publikum, das hier Kopf an Kopf für billiges Eintrittsgeld in der kleinen Kirche saß, bedeutete solch ein Konzert das Ereignis des Jahres. Wie manche arme Schneiderin, wie manch einfacher Handwerker hatte sich allerlei entzogen und versagt, nur um sich dieses Konzert zu gönnen! Und wenn ich »Sei stille dem Herrn und warte auf ihn« mit ganzer Hingabe sang, dann nahm manche Seele die Töne und Worte hinüber in die Not und das Grau des Alltags. So müssten Konzerte gegeben und empfangen werden: als Lichtpunkte, als Freude, als Feste! Glükklich im Nehmen, glücklich im Geben. Und wenn dann der letzte Ton verklungen war und man heimkam, oh, welche Stunden waren das! Alles, was befreundet und bekannt war, kam nach dem Konzert zu uns. Man besprach mit heller Begeisterung jede Nummer, und Onkel holte seinen alten Goldpokal hervor, der, mit köstlichem Rheinwein gefüllt, von Hand zu Hand ging.

Abends gab es ein Festessen, und dann zum Schluss noch ein paar Lieder von mir im großen Wohnzimmer, mit Hermanns Begleitung am alten Tafelklavier. Und ich sang und sang, die Dichterliebe, Frauenliebe und -leben, Schön-Rotraut und all die geliebten unvergänglichen Lieder. Die Fenster standen weit offen, denn ein noch größeres Publikum hatte sich auf der Straße versammelt. Beifallsstürme klangen von draußen herein, Blumen flogen durch die offenen Fenster! Und ich war mitten drin, so voller Freude, geben, nehmen zu dürfen, mit dem festen Glauben: Das ist ja nur der Anfang, so muss das Leben nun weitergehen und es wird noch schöner, noch herrlicher werden! Wenn ich mein Leben einmal ganz der Kunst weihen durfte, dann würde das Herrlichste ja erst noch kommen.

Ich wusste es nicht, dass das die sonnigsten Zeiten meines Lebens waren, die ich eben erlebte, dass ein Dilettant nur die Rosen in der Kunst pflückt, während der Künstler viel mehr Dornen als Rosen erntet. Wohl hat er auch Feierstunden höchsten, seligsten Glückes, wohl empfängt er auch Rosen schönster Art, aber oft ist sein Fuß von den Dornen, auf denen er seinen Weg machen musste, so zerrissen, sein Herz so wund, dass auch die Freuden, die er empfindet, leicht einen Unterton von Schmerzen haben, weil sie zu schwer erkauft sind. Wie der Dichter Hermann Hesse, ein Großsohn dieses Hauses, es ausspricht:

> »*Keiner weiß, dass dieser bunte Kranz,*
> *Den die Welt mir lachend drückt ins Haar,*
> *Meines Lebens Glück geraubt und Glanz,*
> *Ach! Und dass das Opfer unnütz war.*«

Aber wem hätte ich das geglaubt? Niemandem! Und es ist gut, dass es so ist, denn das heißt leben, selbst hinein ins Leben gehen, es kennen lernen in Höhen und Tiefen, in seiner Armut und seinem Reichtum, und dann einmal sich zur Ruhe legen dürfen und sagen: »Es war gut, wie es war, denn ich habe gelebt.«

## 15

Onkels fünfzigjähriges Doktorjubiläum sollte gefeiert werden. Es war im November, und es sollte ein Fest werden, wie ich noch keines erlebt hatte.
Schon ein halbes Jahr vorher war ich in der größten Aufregung, ob es mir gelingen würde, das Geld zur Reise zusammenzubekommen. Meine Kasse war immer leer, und meiner Mutter schmale Witwenpension reichte nicht zu solchen Extraausgaben. Ich gab Stunden für die kleinsten Preise, scharrte und sparte – und richtig, als es so weit war, hatte ich das Reisegeld beisammen.

Ich wurde Georg anvertraut, der Mutter vor allem schwören musste, mich in keine abenteuerlichen Unternehmungen zu stürzen und mir nichts zu erlauben, was »gefährlich« sei. Es war meine erste große Eisenbahnfahrt. Sehr beklommen und sehr froh saß ich in einem Waggon dritter Klasse, an der Seite meines jugendlichen Ritters, der mich wie einen Sträfling bewachte, ausgerüstet mit vielen Ermahnungen meiner lieben Mutter, deren eindringlichste immer wieder die war: »Nicht zu übermütig und zu naseweis gegen junge Leute sein!«

Der schönste Moment der Reise war aber doch, als wir den Zug verließen und im Postwagen saßen. Wir jauchzten um die Wette, schwenkten unsere Taschentücher und fuhren selig in die Novembernacht hinein.

Wie seltsam war es, Weißenstein im Spätherbst zu erblicken! Ich kannte es ja nur im Sommerschmuck und mit dem Leben im Garten. Aber das alte Haus war noch behaglicher, heimeliger und vertrauter als im Sommer, mit seinen prasselnden Feuern in den Kachelöfen und den Vorsatzfenstern, zwischen denen Strohblumen, zu Mustern geordnet, auf Watte lagen. Wir waren die ersten Gäste, das ganze Haus atmete bereits Feststimmung. Die Veranda war zu einer Festhalle ausgebaut, in den Fremdenzimmern warteten hochgetürmte Federbetten auf Gäste; wer dort nicht mehr Platz fand, wurde bei Freunden und Bekannten im Städtchen untergebracht. Keller und Vorratskammern waren gefüllt!

Ja, es sollte ein Fest werden, wie das Städtchen noch keines gesehen hatte, überall sprach man von nichts anderem mehr. Alles sollte dabei sein, Stadt und Land, die Familie, so weit sie reisefähig war, Freunde, alte Studiengenossen, die studierenden Söhne des Hauses mit ihren Freunden, und vor allem die Korporation Livonia, die ihren Gründer mit einer Deputation der Landsmannschaft feiern wollte. Meine Mutter war, was

Toiletten betraf, von einer geradezu weltfremden Ahnungslosigkeit; und dieselbe Ahnungslosigkeit besaß ich. Geld gab es für Toilettenzwecke bei uns nie. »Rein und heil«, diese Devise, die über unseren Kinderjahren stand, blieb auch für unsere Jungmädchenjahre. Was würde wohl ein junges Mädchen der jetzigen Zeit zu meinen Festgewändern gesagt haben? Ein verwaschenes weißes Batistkleidchen zum Ball, mein Konfirmationskleid, himmelblau gefärbt, zum Fest, das war meine ganze Kleiderpracht. Dazu von Schneiderinnen gemacht, die man mit der Arbeit »unterstützte«, weil sie sonst in Folge ihrer fragwürdigen Leistungen hungerten.

Und trotz allem: wie selig war ich! Ich überlegte mir nicht, wie ich unter den schön geschmückten jungen Mädchen wirken musste! Mit dem einzigen Schmuck meiner gewaltigen aschblonden Zöpfe, die ich lang herabhängend trug, weil ich sie auf dem Kopf durchaus nicht unterzubringen vermochte. Mit dem Näherkommen des Festtages strömten die Gäste von nah und fern herbei. Immer wieder klingelten die Postglocken durch die Straßen, über den Marktplatz, immer wieder stürzten wir vor die Haustür, um mit Jubel die Ankommenden zu begrüßen und sie in ihre Quartiere zu geleiten.

Die umliegenden Güter schickten Kälber, Schweine, Brot, Kuchen, Würste. In der Küche regierte eine Wirtin, die von einem der Güter geschickt worden war. Unter ihr stand ein Heer von Hilfskräften, und über allem schwebte Jenny, für jeden einen Rat, einen guten Witz und einen guten Bissen bereithaltend. Tante Adele, in stolzer Gelassenheit, stand wie ein Fels im Gewoge, nie gehetzt, nie eilig, immer liebenswürdig, gut und klug. Aber am seligsten war mein Onkel. Wie ein Strom ging die Freude von ihm aus, eine Freude, die immer und immer ihren Ausdruck in einem Dank gegen Gott fand.

Dazwischen verschwand er, heimlich Schüsseln voll guter Sachen seinen Armen bringend. In Verzweiflung aber gerieten Jenny und Tante Adele, als Onkel sich einen ganzen Vormittag in seinem Zimmer einschloss. Es roch verräterisch nach Siegellack, und dann sah man ihn verstohlen mit vielen Paketen auf die Post ziehen. Er hatte Konfekt und Gebäck in Schachteln gepackt und an Freunde und Verwandte versandt.

Das ging nicht so weiter, Tante Adele griff entschlossen ein. Sie wagte es, ihrem Eheherrn Vorwürfe zu machen – so dürfe er nicht handeln, denn wie solle man da die Gäste befriedigen.

Er war ärgerlich, denn es passte ihm gar nicht, in seinem Tun gehindert zu werden. Er strafte uns damit, dass er eine ganze Weile nur in höflichem Ton mit uns sprach, immer betonend, dass er »nichts zu sagen« habe – er nannte seine Frau »die Gnädige« oder »Katharina die Große«. Dann zog auch diese kleine Wolke vorüber, und Freude und Liebe regierten wieder. Ein ergreifender Moment war es, als Onkels alter Jugendfreund, Gregor von Helmersen, ankam. Er und Onkel waren die Einzigen noch lebenden Stifter der Korporation Livonia. Ich sehe noch die beiden, wie sie Hand in Hand unter die Gäste traten. Herr von Helmersen groß, schlank, mit schönem Aristokratengesicht und ruhigen, vornehmen Bewegungen: Onkel klein und untersetzt, beweglich, sprühend und funkelnd von Geist und Leben. Von der Schulbank her stammte ihre Freundschaft, die erst mit dem Tod endete.

Tage voll Jubel und Schönheit, wer könnte euch schildern! Es war, als hätte jeder die Sorgen und Lasten seines Lebens für diese Zeit beiseite gestellt und würde wieder jung und sorglos. Wie ein Sturm, der alles mit sich fortriss, hatte die Freude alle erfasst. Am Festtag konnten die Räume die Fülle der Gäste kaum fassen, alles drängte sich um den Jubilar, jeder wollte seine

Hand drücken, ihm danken, ihm zeigen, wie er ihn liebte und ehrte.

Plötzlich gibt es eine Bewegung unter den Gästen, im Zuge kommen über den Marktplatz die Delegierten der Korporation Livonia. Voran der Senior mit der mächtigen seidenrauschenden Livoniafahne; die Jünglinge sind alle geschmückt mit breiten Schärpen in den Farben der Korporation, die entblößten Schärpen in den Händen tragend. So treten sie in den Festsaal, alles weicht zur Seite, lässt eine Bahn frei bis zum Jubilar. Die Fahne senkt sich tief vor dem alten Stifter, der mit strahlenden Augen grüßt. Er steht im Kreis seiner Söhne, die rot-grün-weiße Studentenmütze auf seinen Locken, stolze Freude in den jung blickenden Augen. Neben ihm steht sein Jugendfreund in voller Generalsuniform, geschmückt mit hohen Orden, aber auch auf seinem weißen Haupt liegt die farbige Studentenmütze.

So empfängt Onkel die Abgesandten der Korporation, einer Burschenschaft, die er vor mehr als fünfzig Jahren gegründet und die Glück und Segen in das Leben vieler Jünglinge getragen hat, für sie ein festes Band bildend bis ins späte Mannesalter hinein. Er spricht Worte zu ihnen, die ihre Herzen bewegen, das sieht man an den leuchtenden Gesichtern. Ja, diese Jünglinge sollen nun in der Korporation die Ideale vertreten und dann die Gedanken weiter ins Leben tragen, die er vor Jahren in die Verbindung gepflanzt. »Den Idealen treu bleiben und sein Leben in den Dienst der Heimat stellen.« Er spricht in Versen, brausend das Livonenlied, von ihm als Student gedichtet, durch den Raum. Abends gab es Aufführungen, Scherz und Ernst, alles selbst gedichtete Verse, Theatervorstellungen, lebende Bilder, zum Schluss einen glänzenden Ball, den ich mit Georg eröffnete.

Tagelang blieb man beisammen, sang, lachte, aß und trank. Jeden Morgen hielt Onkel mit seinen Gästen seine hinreißenden Bibelstunden, jubelnd sangen wir unsere Choräle, und mit einem Lob- und Dankeslied schloss jeder wunderbare Tag. Fast eine Woche dauerte es, bis die Gäste sich wieder zerstreuten und bis das Leben im Haus seinen gewohnten Gang weiterging.

Für mich fiel in diese Zeit ein Ereignis, das mich aus meinen Kinderträumen aufschreckte: mein erster Antrag. Richard war ein Student der Theologie, der seine Gymnasiastenzeit zum Teil in unserem Haus verbracht hatte, eine feine, edle Mannesnatur, die ich aber in meiner kindisch phantastischen Seele damals gar nicht begriff. Das Verständnis für ihn ist mir erst viel später aufgegangen, und er ist mir ein lieber Freund geworden. Damals imponierte er mir wenig, und wer mir nicht imponierte, an dem ließ ich meinen Übermut aus.

Mein Betragen gegen Richard hatte mir manch mütterliches Donnerwetter zugezogen. Er war gesellschaftlich ungewandt, konnte sich an unseren lustigen Wortgefechten nicht beteiligen und war in unserem Kreis kein Führer.

Wie grausam kann man doch sein, wenn man jung ist, und mir gegenüber war er wehrlos. Niemals aber habe ich damals an eine Neigung von seiner Seite auch nur im Traum gedacht. Vielleicht war ich verwöhnt und zu sehr gewohnt, dass man mich gern hatte; doch war mir das so selbstverständlich, dass ich nie darüber nachdachte.

An die Liebe dachte ich wohl manchmal und träumte von ihr nach Mädchenart, doch schwebten diese Dinge in den Wolken und entbehrten jeder Realität. Wie ein Wolkenbruch kam Richards Werbung mitten hinein in meine Festesfreude, in meine ahnungslose Seele, die noch in festem Kinderschlaf ruhte.

Ich lasse mein Tagebuch über dieses Erlebnis berichten:

Den 15. November 1877

Ich wollte, ich wäre tot, so furchtbar erschrocken bin ich heute!
Ein Abgrund hat sich vor mir aufgetan, der mich verschlingen will! Richard sagte so schreckliche Worte, er liebe mich und wolle mich heiraten. Ach, warum hat er sich nur so Schreckliches ausgedacht, das mir alle Freude am Leben verdorben hat!
Wie kam er nur darauf? Ich habe jetzt nur ein Gefühl für ihn, das der Angst. Am Abend, als die Vettern und er wieder abreisen wollten, rief er mich für einen Augenblick ins leere Speisezimmer, er sagte, er habe einen Brief von Mutter, den er mir zeigen müsse. Ich folgte ihm sehr ungern, denn ich hatte ein rasend schlechtes Gewissen. Ich war recht unverschämt die Tage gegen ihn gewesen. Das kam natürlich daher, weil mich alle mit ihm neckten, das ärgerte mich so schrecklich! Ich dachte, für mich würden in Mutters Brief Ermahnungen stehen, die ich gar nicht hören wollte, doch wappnete ich mich innerlich gegen sie. Ich dachte schon, es ist am besten, ich sage es ihm, warum ich mich gegen ihn so schlecht betrug, da sah ich sein Gesicht, das ganz blass war. ›Na‹, dachte ich, ›so wütend braucht er nun auch nicht gerade sein.‹ Ich fing an, mich zu entschuldigen, er aber ließ mich gar nicht sprechen, unterbrach mich mit zitternder Stimme: »Lesen Sie Mutters Brief.« Ich fing an zu lesen und verstand zuerst gar nichts. Da stand, er solle warten, vorsichtig sein, ich sei so kindisch und trotzig, er wüsste ja, ihren Segen hätte er, und so was! »Ja, was soll das?« fragte ich. Eine schreckliche Ahnung kam über mich, da sah ich in sein Gesicht; schneeweiß war es! Er stieß sinnlose Worte mit zitternden Lippen heraus, da wusste ich die Wahrheit! Ein namenloser Schreck überfiel mich, dann ein wilder Zorn! Das war ja eine abgekartete Geschichte, und Mutter hatte mich ihm ausgeliefert!

Ich nahm den Brief, ballte ihn in meiner Hand zum Knäuel und warf ihn weit weg und stürzte dann fort, in Jennys Zimmer. Er kam mir nach, er stand in der Tür. »Sie müssen mich hören!« sagte er außer sich.
Ich dachte, ich müsste tot hinfallen, wenn ich ihn hörte. Aber ich war gefangen, denn in der Tür stand er und versperrte den Ausgang. Ich weinte laut auf, aber dann mit einem schnellen Entschluss stürzte ich auf ihn zu und stieß ihn mit aller Kraft zur Seite, schlüpfte unter seinem erhobenen Arm hinaus; ich war gerettet.
Ich lief zu den anderen, hielt mich immer an die anderen, damit er mich nicht allein festbekommen könne. Ach, es war mir, als sähen sie mir alle an, was geschehen, ich schämte mich so sehr und dachte immer nur: ›Könnte ich mich doch in die Erde verkriechen!‹
Endlich stand der Postwagen vor der Tür, sie fuhren alle ab. Nun sind wir allein. Die Festfreude ist verrauscht, und ich muss so viel heimlich weinen, auch aus Zorn, weil Mutter es so gern will, dass ich ihn heirate. Kennt sie mich so wenig? Nun bin ich aus meinem Frieden gestoßen und sehr unglücklich, denn ich habe einen Menschen unglücklich gemacht.
Am andern Tag früh war ich allein im Garten, alles war traurig, voller Dunkelheit und Herbstlichkeit. Da kam Georg, er hatte einen Brief in der Hand und sah verdonnert und aufgeregt aus. »Diesen Brief soll ich dir geben, von Richard«, sagte er und steckte mir den Brief in die Hand.
Da fasste mich heißer Zorn und Empörung. ›Auch Georg verlässt mich und will, dass ich Richard heirate!‹ dachte ich. Ich riss ihm den Brief aus der Hand und warf ihn ihm vor die Füße und sagte, er solle diesen Brief selber lesen und sich schämen, so gegen mich zu sein.
Ich fing an zu weinen, so verlassen fühlte ich mich von allen, und alles war so schrecklich! Da wurde ich plötzlich um die Taille gefasst, ein Indianergeheul aus

Georgs Kehle, und er riss mich in wildem Tanz mit sich fort, immer in die Runde. Erst wehrte ich mich, dann musste ich doch lachen, und wir drehten uns, bis wir beide nicht mehr konnten. Dann fiel ich lachend auf eine Bank, Georg blieb vor mir stehen. »Ich dachte, du wirst Richard heiraten«, sagte er, als er Atem hatte. Wieder kam der Zorn über mich. »Alle erwarten es«, sagte er entschuldigend.
»Du bist ein Esel«, sagte ich heftig, »soll das mein Ende sein? Das fehlte mir gerade! Du solltest mich doch kennen. Ich heirate noch lange nicht und Richard schon gar nicht. Das ist so sicher wie sonst nichts in der Welt.«
Nun haben sie alle mit mir geredet, Tante Adele, Jenny, ich solle mir's doch überlegen und bedenken – ja, mein Gott, was denn? »Dass er ein guter Mensch ist!« Daraus mache ich mir nun auch gar nichts, lieber schon ein bisschen schlechter und dabei interessant. Gute Männer gibt es genug in der Welt, da hätte man viel zu tun, wollte man die alle heiraten! Ich würde mich ja zu Tode mit ihm langweilen. Und das soll dann das ganze herrliche Leben sein, auf das ich mich so freue, auf das ich so neugierig bin? Nein, und tausendmal nein!

25. November

Heute zog ich Onkels Wasserstiefel an und ging allein in die weite Welt, in den hellen Herbsttag hinein. Und als ich so über die einsamen Felder wanderte, die so unbegrenzt vor mir lagen, und ich weit ins Land hinaussah, in die klare Herbstluft hinein, da ließ ich den Wind durch mich blasen, stark und kräftigend, und es war, als machte er mich froh und gesund. Ich dachte plötzlich: Richard wird schon eine Frau finden, die besser zu ihm passt als ich, und ich habe gewiss nicht sein Leben zerstört! Und alles, was mich diese Tage gequält, fiel von mir ab. Da strömte es wie jauchzendes Entzücken durch mein Herz: »Du bist frei, frei wie der

Wind, der durch die Felder streicht, frei wie die Wolken hoch am Himmel. Du bist an keinen Mann gebunden, dem du dich opfern musst.« Und jauchzend stürmte ich vorwärts, dankte Gott und sang laut in die Welt hinein: »Ich bin frei! Ich bin frei!« Dann stieg ich auf einen Zaun. Hoch oben stand ich, riss mir den Hut vom Kopf, schwenkte ihn in der Luft und grüßte meine Freiheit.

Ganz wild und heiß kam ich heim. Onkel saß in seinem Zimmer. Ich sah durch die Tür. »Onkel! Ich bringe die Wasserstiefel glücklich wieder heim!« Onkel, der eigentlich fürs Heiraten ist, sah zu mir hin; er ist ein wenig unzufrieden mit mir gewesen, hat aber nichts gesagt alle diese Tage.

Ich setze mich in den alten Lehnstuhl zu ihm. »Onkel, ich bin wieder froh!«

»So, so«, sagte er. Plötzlich brauste er los: »Warum willst du denn nicht heiraten? Du Frauenzimmer, denkst du denn, du kannst ohne Mann auskommen?«

»Gewiss denke ich das«, sage ich keck.

»Was willst du denn?« fragt er halb ärgerlich.

»Ganz was Besonderes«, sage ich. »Richard war doch nichts Besonderes.«

Onkel lacht wieder Willen. »Du wartest wohl auf Karl den Großen mit seinem Schwert?«

»Ich warte nicht gerade auf ihn«, sage ich »aber wenn er kommt, dann nehme ich ihn gleich!«

»Du wirst noch manches erleben«, entgegnet Onkel drohend, »aber das sage ich dir, wenn du das nächste Mal ohne Mann hierher kommst, dann werfe ich dich hinaus!«

»Onkel«, sag ich, »schaff mir einen Mann, wie du es warst, als du jung warst; den nähme ich noch lieber als Karl den Großen!«

# 16

Onkel hält Bibelstunde. Weißenstein hat Jahre hindurch keinen rechten Seelsorger unter seinen Pastoren gehabt. Die Gemeinde hätte darben müssen. Da aber trat Onkel für die Sache ein, das geistige Leben der Stadt wuchs und blühte in seiner gesegneten Hand. Besonders seine Bibelstunden hatten weithin Berühmtheit erlangt. Von nah und fern kamen die Leute, um ihn zu hören; die leichtsinnige Jugend, die immer etwas vorhatte, ließ sich durch nichts daran hindern, an ihnen teilzunehmen. Onkel war der geborene Volksredner, er war drastisch in seinen Beispielen, die er aus dem alltäglichen Leben nahm, oft geradezu derb. Hinreißend wirkte er immer wieder durch das ganz persönliche Bekenntnis zu Gott, den er erlebt hatte, und durch seine brennende Liebe zu seinen Mitmenschen, an deren göttlichen Ursprung er glaubte. Das war seine Kraft!
Ich sehe uns in dem großen Zimmer um Onkel geschart, der wie ein Patriarch anmutet mit seinem Ehrfurcht gebietenden weißen Haupt, seine geliebte Bibel auf den Knien. Am Klavier sitzt Hermann. Das Zimmer ist voller Leute; man kennt sie alle, grüßt sie alle. Da sind Adlige aus der Nachbarschaft, neben ihnen schlichte Bürger der Stadt und Handwerker, alle sind willkommen. In einer Sofaecke haben Malz und Kappel ihren Stammplatz, der Waisenvater und der Organist des Städtchens, zwei alte Freunde von Onkel. Malz, dick und gemütlich, sitzt breit und behäbig da, voll Mutterwitz, immer zu einer Antwort bereit, mit rotem, lustigem Gesicht. »Sieh ihn dir an«, sagt Onkel »er sieht dick und plump aus, aber sein Herz ist gut und zart.«
»Ja, ganz wie der Herr Staatsrat sagt«, Malz lacht, »von außen ein Ochse, von innen eine Schwalbe.«
Kappel ist sein Widerspiel, klein, dürr, ängstlich, mit einem Gesicht wie ein alter Holzschnitt von Dürer. Er

sitzt vor Bescheidenheit immer nur halb auf dem Sofa, die andere Hälfte seines Körpers schwebt frei in der Luft. Ein Problem beschäftigt ihn, das er mir nach einem Kirchenkonzert, in dem ich gesungen habe, mitteilt. »Dass man stark singen kann, begreife ich, doch dass man mit einmal so dünn werden kann mit seiner Stimme, ganz fein, wie ein Vogel, das begreife ich nicht. Aber das ist wohl die Kunst, die kann man nicht begreifen.« Im selben Konzert hatten meine Mutter und ich Duette gesungen. »Das waren Stimmen aus einer Fabrik«, sagte Kappel, »das hört man doch gleich.«

Sie sind unzertrennlich, die beiden Freunde, zu Onkel kommen sie immer zusammen; es ist, als getraute Kappel sich nur eine Lebensäußerung von sich zu geben im Schatten vom dicken Malz.

Hermann spielt den Choral, mit dem die Stunde begonnen und geschlossen wird. Onkel singt mit, und das ist für mich fast das Schönste von der ganzen Bibelstunde. Er ist völlig unmusikalisch, singt nur immer einen tiefen Ton auf alle Verse. Aber er singt aus der Seele, mit so viel Andacht und Hingabe, so ahnungslos, wie falsch es klingt, dass man seine Blicke nicht von ihm wenden kann. Dann nimmt Onkel Hermann ein Kapitel aus der Bibel vor, liest es und bespricht und erläutert Vers für Vers. Es ist immer wie ein Strom von Leben, der aus ihm bricht. Oft so originell sprunghaft, dass man kaum folgen kann, aber aus seinem Mund klingt der bekannteste Spruch wie neu, weil er ihn beim Lesen neu belebt. Und so ist es einem, als hörte man diese vertrauten Worte zum ersten Mal. Manchmal wird er von einem Gedanken so gepackt und bewegt, dass ihm die Tränen über die Wangen fließen. In seinem Eifer merkt er es gar nicht; im Eifer, das, was er denkt, fühlt, glaubt, uns nahe zu bringen, in unseren Herzen Leben werden zu lassen. Er ist wie ein Kind und dabei wie ein Fels. Er würde auch jederzeit vor Kaiser und Reich sein

Bekenntnis ablegen: »Hier stehe ich, ich kann nicht anders, Gott helfe mir! Amen.«
Nach der Bibelstunde geht Onkel in seinen lieben Garten. Das tut er immer, wenn sein Herz bewegt ist. Ich habe mich an seinen Arm gehängt, wir pilgern schweigend die Wege zwischen den duftenden Blumen auf und ab.
»Mein Gott, wie gütig bist du!« sagt Onkel plötzlich stehen bleibend. »Was hast du uns alles gegeben! Dein Wort, deinen Sohn und diesen Garten voller Blumen. Und gleich noch ein gutes Abendessen. Ach, Kind, ein Leben reicht ja nicht aus, um ihm für alles zu danken!«

17

Jahre gingen ins Land. Die sorglosen Ferienwochen in Weißenstein waren wohl immer wieder das Ziel unserer Wünsche, doch war in unserem Leben so manches anders geworden. Ich war zur Ausbildung meiner Stimme nach Frankfurt gegangen. Neue Welten taten sich vor mir auf, ich stand auf Höhen, die mich berauschten, ich blickte in Tiefen, die mich erschütterten. Die Kinder- und Jugendträume wichen einem oft sehr harten Erwachen.
Ich lernte berühmte Künstler kennen, vor deren Namen ich in Ehrfurcht erbebt war, die in unserem Haus mit dem Glorienschein von Halbgöttern umgeben worden waren, und sah, dass sie Menschen waren mit Sünden und Kleinlichkeiten, die ich zuerst gar nicht begriff.
Es ging auch in meinem Leben nicht immer licht und sturmlos her. Harte Arbeit, Sehnsucht, Einblicke in die Abgründe des Daseins ließen mich zeitweise mein frohes Lachen vergessen.
›Also so ist das Leben und vor allem das Künstlerleben!‹ dachte ich oft, wenn ich abends grübelnd und ein-

sam an meinem Fenster saß, bis die Dunkelheit die ganze Welt einhüllte und ein Stern nach dem anderen erschien. Ein Gefühl der Einsamkeit, Heimweh, das mir die Seele zerriss, erfüllte mich schmerzhaft. Ein Heimweh nach Hause, nach der kindlichen Ahnungslosigkeit meiner Jugend, nach der sonnigen, einhüllenden Wärme, ach! Und nach dem Garten in Weißenstein mit seinen Blumen, seinem Schwalbenschwirren und seinen über alles geliebten Menschen. Ich hatte häufig Briefe von dort; Onkel ging auch in der Ferne meiner manchmal so angstvollen Seele nach und hielt sie mit liebevoller starker Hand.

Gustav und Georg hatten ihren Eltern unsagbares Herzeleid und viele Sorgen bereitet. Nun waren sie nach Amerika ausgewandert. Alle hofften, dass die harte Fremde sie das lehren würde, was sie in der Heimat nicht lernten: Männer werden, die Verantwortung für ihr Tun fühlten und ihre Pflicht im Leben taten. Viele Tränen waren um sie geflossen, viel Kummer war still getragen worden. Weißenstein sollte nun auch für mich nie mehr das sein, was es gewesen war.

Und dann waren meine Studienjahre zu Ende, um vieles reicher, um vieles ärmer kehrte ich heim; und die Kunst, die bisher der Schmuck meines Lebens gewesen war, sollte nun für mich und die Meinen eine Existenz schaffen. Ein harter Wechsel, an dem man von Tag zu Tag lernen musste! Aber dann kamen auch leichtere Zeiten, und ich konnte wieder einmal zu den Sommerferien meine Schritte nach Weißenstein lenken. Die Sorgenlasten dort hatten sich vergößert. Gustav und Georg waren heimgekehrt, aber es war anders mit ihnen geworden, als man es erhoffte.

An der Seele krank war Gustav heimgekommen. Dunkle Mächte hatten Gewalt über seinen Leib und sein Gemüt gewonnen, er kam von ihnen nicht los.

Auch Georg war nicht gesund wiedergekehrt. Eine verfehlte Operation warf ihn dann vollends aufs Kranken-

lager; wir wussten es damals noch nicht, dass er es nie mehr verlassen würde.
Ich fürchtete mich fast vor dem Wiedersehen unseres Jugendparadieses; wie würde ich es wieder finden?
Allein fuhr ich im Postwagen durchs Land; die alten vertrauten Wege, alles war wie früher, nur ich war eine andere geworden, und das Leben im geliebten Haus würde überschattet sein und anders, als ich es gekannt hatte.
Aber stärker als alles lebte in mir die Liebe zu denen, die meine Kindheit und erste Jugend mit so viel Glanz und Freude erfüllt, und fest im Herzen stand es: »Mag alles sein, wie es will! Ich gehöre zu ihnen, und nun will ich die dunklen Tage mit ihnen teilen, wie ich ihre Freudentage geteilt habe.«
Und dann sah ich, wie in Kindertagen, den spitzen Kirchturm über den Wäldern emporsteigen und dachte lächelnd an den Jubel, mit dem wir sein Auftauchen in früheren Jahren begrüßten. Und bald rasselte der Wagen auch über das Straßenpflaster und hielt vor dem alten lieben Haus.
Ach, niemand stand auf der breiten Steintreppe, niemand hatte meine Postglocken gehört! Wurde ich denn gar nicht erwartet? Zögernd stand ich vor der Tür, ich öffnete sie und trat ins Haus, und dann kamen sie alle herbei. Onkel schloss mich in seine Arme. »Gott segne auch heute deinen Einzug«, sagte er bewegt. »Bring uns Sonne und Freude!«
Wie gebeugt und zusammmengesunken war Tante Adeles einst so aufrechte Gestalt! Welche Stürme von Leid hatten sie so geknickt! Auch Jenny kam, klein und grau. Wir weinten. Das aber mochte Onkel nicht leiden; halb bewegt, halb ärgerlich sagte er: »Nun komm in den Garten, die Blumen sind alle da. Es sind nicht dieselben, die du gekannt hast, aber Gottes Sonne ist dieselbe und sein Himmelstau auch. Es gibt noch viel zu danken!« Er zog mich in den Garten, wir sahen die

Blumen, wir gingen die alten Wege. Dort in der Laube sah ich auch Georg wieder, im Rollwagen; er konnte nicht gehen. Er streckte mir seine blasse Hand entgegen und lächelte, ein trauriges Lächeln, aber kein Laut drang über seine fest geschlossenen Lippen.

Onkel zeigte mir seine Blumen, seine Beete und seine Beerensträucher. Er konnte sich an allem freuen, für ihn war die Welt noch voller Licht, weil er in allem und jedem Gottes Liebe sah, die ihn jeden Tag neu beglückte Ich ging an seinem Arm wie eine Träumende durch den lieben Garten, ich sah die Blumen nicht, ich sah die Sonne nicht, ich fühlte nur das eine: es würde hier niemals mehr sein, wie es war – und wie lange würde es überhaupt noch ein Weißenstein für mich geben?!

Endlich war ich mit Jenny allein in meinem Zimmer, da hielt ich mich nicht länger, ich brach in Tränen aus. »Ach, Jenny!« Ich brauchte nichts weiter zu sagen, zu erklären. Sie fühlte alles, sie wusste alles, ganz wie damals, als wir noch jung waren und Kinderschmerzen uns bedrückten. Und sie wusste auch dieses Mal Trost wie früher für Kinderschmerzen.

Und nun begann ein Leben, wie ich es nie in Weißenstein gekannt, still, wehmütig, aber doch schön und voller Reichtum. Tiefer als in den Sonnentagen verband uns die Liebe, heller als je strahlte Onkels freudiger Glaube, sein starkes, frohes Christentum durch die Not dieser Tage. Bei ihm habe ich wirklich erlebt, was es heißt: »Fröhlich in Hoffnung, geduldig in Trübsal!« sein.

Erschütternd war das Leiden beider Söhne des Hauses. Gustav blieb uns fern und fremd; die dunklen Mächte, die seine Seele überschattet hatten, trennten ihn von allen, die ihn liebten. Wir fanden nicht den Weg zu ihm. So ging er einsam neben uns hin!

Georg war mit der ganzen feurigen Begeisterung, die sein Wesen kennzeichnete, aus Amerika heimgekehrt. Er hatte dort viel Not kennen gelernt, hatte tapfer jede

Arbeit auf sich genommen, hatte sich ehrlich durchgekämpft. Nun wollte er so gern zeigen, dass er ein anderer geworden sei. Dass er arbeiten gelernt habe, dass er seinen Platz als Mann im Leben auszufüllen vermochte.
Ob er das gekonnt hätte? Gott wusste einen anderen Weg für diese glänzende Menschenseele. Er führte Georg durch das dunkle Tal des Leidens und der Entsagung. Er ließ ihn einen von denen werden, die mit Tränen säen, damit er mit Freuden ernten könne. Aber Erdenfreuden waren es nicht, die wurden ihm alle genommen.
Wie still ist doch das fröhliche Haus geworden! Zwischen den blühenden Bäumen sieht man oft Georgs Rollwagen oder seine hohe Gestalt, jetzt gebückt, langsam an einer Krücke hinwandernd. Es liegt wie eine große Angst über uns, wir fühlen Gott mit dieser Seele ringen.
Dazwischen bricht es wie eine wilde Kraft aus ihm; der Widerstand der Seele, die sich gegen Leiden und Gebrochenwerden auflehnt. Er stürmt gegen sein Schicksal an, er will arbeiten, leben und glücklich sein. Er will sein Teil vom Dasein an sich reißen, aber Gott wollte es anders, und er gehorchte. Stück für Stück gab er sein Wollen, sein Sehnen hin. Es war ein Kampf auf Tod und Leben, und Gott blieb Sieger!
Was eine Seele in solchem Ringen erlebt, bleibt ewig ihr Geheimnis.
In dieser schweren, harten Zeit hörte ich aber nie ein Wort der Klage, des Widerstandes von Onkel Hermann oder Tante Adele, deren stolzes Herz um ihren Liebling brach. Sie gingen beide gehorsam den Weg, den Gott sie führte, wenn auch mit heißen Schmerzen. Onkel war oft allein; der Kranke nahm uns ganz in Anspruch. Das war für seine lebendige Natur, die sich mitteilen musste, sehr schwer. Wenn ich dann einmal zu ihm kam und ihm sagen konnte: »Heute bin ich den ganzen Nach-

mittag nur für dich da!«, blickte er so froh aus den Augen. »Das ist schön. Was tun wir nun? Gehen wir in den Wald oder auf den Kirchhof?« Und dann wanderten wir miteinander, friedlich plaudernd. Ich war meist stille Zuhörerin, so viel hatte Onkel in seinen einsamen Stunden gedacht, gelesen, und es drängte ihn, sich über all das, was ihn bewegte, auszusprechen. Wenn auch sein Sinn offen blieb für alles Schöne, wenn er sich auch an edlen Dichterworten, an hohen Gedanken immer noch begeistern konnte, das schönste Buch blieb ihm immer seine Bibel. Über sie, über Gottes Wort, sprach er doch am liebsten, und alles, was er dachte, erlebte, sah, lief immer wieder in einem Brennpunkt, in dem einen Wort zusammen: »Mein Herr und mein Gott!«

In diesem Licht sah er alles, das Große und das Kleine, die Freuden und die Schmerzen. Mit beiden Füßen mitten im Leben stehend, seine Sorgen und Schmerzen stark und tief empfindend, schaute sein Auge unverwandt in Gottes Licht, sprach seine Seele immer mit seinem Gott.

Er musste in dieser Zeit viel lernen, sein Herrscherwille musste sich oft beugen. Er, der mit starker Hand alles nach seinem Willen gelenkt hatte, musste oft zurükktreten, schweigen, wie das so ist, wenn ein Schwerkranker im Hause ist. Und dass er das lernte, bewegte mich tief.

Am liebsten wanderten wir auf den Kirchhof; es war ein tiefer Friede an diesem Ort, an dem sich die Leidensstürme, die im Haus wehten, brachen. Wir saßen an unseren Gräbern, und Onkel sprach Worte tiefer Weisheit, von Gottes Wegen, die er mit jeder einzelnen Seele geht.

Sein Glaube an Gottes Arbeit auch an den Seelen seiner Söhne war so stark, dass ich mitten in der Not der Tage etwas fühlte von der »Berge versetzenden Kraft des Glaubens«, die freudig an den Worten festhält:

> *»Erst will Er mich vollenden,*
> *Dann soll es herrlich enden!«*

An dieses »herrliche Enden« glaubte er fest, alles andere war klein und unwichtig gegen dieses große Hoffen. Wohl litt er unter der Not jedes Tages, aber sie verwirrte ihn nicht, sie nahm seinen Blick nicht gefangen, der immer nur das Licht sah. Mein junges Herz, das mit Fragen und Zweifeln belastet war, sah staunend und bewundernd auf dieses große Leben, das so selbstverständlich schien.

Ja, das waren Feierstunden in der Angst und Not der Zeit, und sein Glaube hat ihn nicht betrogen. Er hat es erlebt, dass seine beiden Söhne sich bewährten, der eine im Leiden und Sterben, der andere in einem gesegneten Leben voll Mühe und Arbeit.

## 18

Es wird Herbst. Ich muss Weißenstein verlassen und an meine Arbeit gehen. Es ist mir, als könnte ich nicht fort, als wäre mein Platz hier, aber ich darf nicht bleiben.

Georg ist ein dem Tode Geweihter, er muss sterben. Er weiß es, der Kampf ist bald zu Ende, er wartet auf seinen Tod. Tag und Nacht habe ich mich mit Jenny in der Pflege geteilt, habe das wilde Empören einer jungen Menschenseele miterlebt, die sich gegen die Vernichtung wehrt, und habe es erlebt, dass sie sich ergab und still wurde ... Und nun muss ich fort.

Es ist ein goldener Herbsttag, der Garten voller Blumen und Licht. Es geht zum Abend. Georg ruht in seinem Krankenstuhl, unterm großen Ahorn im Garten, der Abendsonnenschein liegt auf seinem müden Haupt, auf den gefalteten Händen, und um ihn ist so viel Schönheit, die auch sterben muss.

Onkel geht eifrig durch den Garten, er hat die schönsten Äpfel gesammelt, die er in einen Korb legt; sie sind für mich bestimmt. So müde ist sein altes Gesicht, gebeugt sein Rücken, aber sein Glaube ist unerschütterlich und freudig wie in den Sonnentagen seines Hauses, seine Liebe strahlt jedem ins Herz, der mit ihm lebt.

Er bleibt vor uns stehen und zeigt mir die Ernte in seinem Korb. »Die Äpfel sollst du alle haben«, sagt er, »es waren die schönsten, die ich finden konnte.« Er nickt mir liebevoll zu und geht ins Haus.

Tante Adele erscheint in der Verandatür. Wie alt ist sie geworden! Sie schaut nach ihrem Liebling, kummervoll ist ihr Gesicht, doch sie lächelt zu uns herüber. »Wird es nicht kühl für dich, Georg? fragt sie. Er schüttelt den Kopf, und sie geht wieder ins Haus.

Ein Duften von Reseden und Levkojen liegt schwer in der Luft, am klaren Abendhimmel schießen die Schwalben hin, mit hellen Rufen. Da fasst mich ein Jammer, heiß wie eine Welle stürzt er über mich hin, immer tiefer sinkt mein Haupt, ich berge mein Gesicht in den Händen und weine. Da spricht Georg. Hat wirklich aus dieser Stimme einmal das Leben gejubelt? Hatte sie mit Lachen und Lust jeden Raum erfüllt, in dem sie erklang? Hatte sie, in stürmischer Begeisterung, alles mit sich fortgerissen, was um sie lebte? Jetzt war sie still geworden, und um die bleiche Stirn stand feierlich die Krone des Leidens.

Die Stimme ist nun so leise, dass ich ihr Flüstern kaum verstehen kann. »Ich muss sterben!« sagen die blassen Lippen.

Ich habe noch immer mein Gesicht in den Händen vergraben und weine. »Weine nicht um mich!« flüstert die stille Stimme wieder. »Es ist gut, dass ich sterbe. Gott ist gütig gegen mich, dass er mich ruft, denn ich verstand nicht zu leben. Ich lebte so gern, aber das Leben brachte mir zu große Versuchungen; nun hat die Not

ein Ende, ich gehe dorthin, wo es keine Versuchungen mehr gibt. Es ist gut so!«
Die Sonne ist untergegangen, die Schwalben sind verstummt. Vom Resedabeet zieht ein süßer Duft über uns hin. Sachte breitet die Dämmerung ihre Schleier über die eben noch so lichte Welt. Das Licht erlosch, der Sommer ist zu Ende, und der Tag ist gewesen.

## 19

Es ist wieder Sommer geworden.
Georg ist tot.
»Der Strick ist zerrissen, der Vogel ist frei!« so lautete das Telegramm von Onkel Hermann, das uns die Todesnachricht brachte. Er litt furchtbar bis zuletzt, aber klaglos und tapfer kämpfte er seinen letzten Kampf. Ich war wieder in Weißenstein in dem einsam gewordenen Haus. Es war mir doch der liebste Ort auf Erden. Friedlich floss das Leben hin.
Wir arbeiteten viel im Garten, wo alles noch blühte und wuchs wie in alter Zeit. Nur die grünen Gartenbänke standen ein wenig schief vor Alter, und Onkel schlug sie immer wieder mit einigen starken Nägeln zusammen. »Solange ich lebe, dürfen sie nicht umfallen«, sagte er.
Onkel war oft matt, fremde Menschen ertrug er gar nicht mehr, er konnte Gesprächen schwer folgen. Er wurde leicht ungeduldig, wenn andere sprachen, es ermüdete ihn, und er, der Lebendige, konnte dann mit einer kleinen Reizbarkeit sagen: »Lasst doch einen armen alten Mann auch mal zu Wort kommen!«
Oder es verdross ihn, wenn man zum Beispiel ein Erlebnis erzählte, das ihm nicht gefiel; dann konnte er ärgerlich sagen: »Sprich keinen Unsinn, es war ge-

wiss ganz anders!« Und dann erzählte er das Erlebnis, wie es ihm gefiel oder wie er es sich dachte, und war dann ganz zufrieden. Er lebte in einer eigenen Welt, immer fremder wurde ihm das Leben, immer fremder die Menschen. »Ich verstehe sie nicht mehr«, sagte er mir einmal, »und sie verstehen mich nicht mehr.«

Seine Bibelstunden hielt er wohl noch, aber er wurde dabei oft sprunghaft, verlor den Faden, dass man ihm nicht folgen konnte. Auch sein Zuhörerkreis war klein geworden. Viele schliefen schon lange auf dem Friedhof; verschüchtert und einsam saß der alte Organist Kappel in seiner Sofaecke ohne seinen dicken, lustigen Freund Malz. Den hatte man längst zur ewigen Ruhe gebracht.

Ich war immer um Onkel, bei seinen Blumen und Erbsenbeeten und in der Stille seiner Studierstube, wo ich, gute Worte hörend, im alten Ohrenstuhl neben seinem Schreibtisch saß. »Wir beide, du und ich«, sagte er manchmal, »wir gehören zusammen.«

Oft waren wir alle miteinander auf dem Kirchhof, schmückten unsere Gräber, horchten auf die Lerchen und sprachen von unseren Toten. An Georgs Grabhügel stand ein schlichtes schwarzes Kreuz, das in goldener Schrift den Spruch trug: »Meine Lippen und meine Seele, die du erlöst hast, sind fröhlich und lobsingen dir!«

Im folgenden Winter ging auch Tante Adele heim. Hart hatte der Tod mit dieser starken, stolzen Seele gerungen. Onkel geleitete seine dritte Frau auf den Kirchhof.

Und dann kam ein Sommer, an dem wir zum letzten Mal beisammen waren. Ich fand bei meiner Ankunft Onkel so müde und so alt, dass ich mit Schmerzen dachte: ›Wenn er nur heimgehen dürfte!‹

»Ich bin einsam, du weißt nicht wie sehr!« sagte er, als er alt und gebückt, schwer auf meinen Arm gestützt, durch den Garten ging. »Alles ist mir fremd, alles spricht eine fremde Sprache um mich. Sogar meine alte Stadt ist mir fremd geworden, ich mag gar nicht mehr auf die Straße gehen. Ich will meinem Herrn nicht vorschreiben, aber manchmal denke ich doch: Nun wäre es Zeit. Aber mein Gott weiß meine Stunde, ich muss noch warten!«

Dazwischen flammte für Augenblicke das alte Feuer in ihm auf. Dann konnte er sich noch wie in früherer Zeit für etwas begeistern, sei es ein schönes Gedicht oder ein ewiges Wort aus der Bibel. Auch brach noch sein alter Humor manchmal hervor, sein schlagender Witz machte mich lachen wie in vergangener Zeit.

In solch einem Moment des Aufflammens beschloss er auch einmal, mit mir auf den Kirchhof zu wandern. Alle Warnungen schlug er ärgerlich zu Boden. »Ich bin noch lange kein alter Lappen«, sagte er, »diesen Weg mach ich noch längst!« Eifrig und fröhlich plaudernd ging er an meinem Arm aus, aber ich fühlte bald, wie er sich immer schwerer auf mich stützte.

Wir hatten eben die letzten Häuser der Stadt hinter uns gelassen, da wurde er stiller; allmählich verstummte er ganz, hochaufatmend ließ er plötzlich meinen Arm los und sank auf einem Stein am Weg nieder. »Ich kann nicht mehr«, sagte er leise und schmerzlich, dass es mir ins Herz schnitt, »nun mache ich diesen Weg nur noch im Sarge!« Es war ein Glück, dass Jenny, dies alles voraussehend, uns einen Wagen nachgeschickt hatte, der uns dann auch glücklich heimbrachte.

Onkel ging in sein Zimmer, wo ich ihn traurig sitzen fand, die Hände gefaltet, den Blick ins Abendrot gerichtet. Ich nahm seinen Kopf in meine Arme und küsste seine weißen Locken. »Nun wandern wir einmal zusammen im Paradies«, sagte ich, »wie schön wird das sein! Du musst dort auf mich warten, dann bist du wieder jung.«

»Ja«, sagte er leise, »das wird schön sein!«

Die große Freude hatte er noch, dass sein Sohn Gustav geheilt war. Er hatte geheiratet und lebte mit Frau und Kind auf dem Land. Es war ein Dasein voller Arbeit und Entbehrungen, aber voller Zufriedenheit, und der Segen des frommen Elternhauses lag auf seinem bescheidenen Leben. Vetter Hermann, der ein Pastorat voll froher Kinder hatte, war mit den Seinen gekommen, auch Gustav mit Frau und Kind, und wer von den Verwandten es irgend möglich machen konnte, war da. Es war, als fühlten wir alle: »Es ist zum letzten Male.« Leben erfüllte wieder das alte Haus, aber es war gedämpfter als früher. Wir alle umgaben unser Familienoberhaupt mit Liebe und Ehrfurcht. Jeder versuchte, ihm eine Freude zu machen, aber er hatte keine Wünsche mehr als nur den einen, bei seinem Herrn zu sein. Am letzten Abend vor der Abreise der Gäste saßen wir noch einmal alle beisammen im Garten unterm Ahornbaum. Onkel hatte den goldenen Familienpokal hervorgeholt; mit Rheinwein gefüllt ging er von Hand zu Hand wie in alter Zeit. Da erhob sich Onkel. O mit welcher Liebe blickten wir alle auf seine greise Gestalt! Er hielt den Goldpokal in den erhobenen Händen und sprach Worte des Abschieds und des Segens zu uns.

Es war ein Dank, den er seinem Herrn und Gott sagte für sein ganzes Leben. Er ließ es an uns vorüberziehen in seinem Reichtum, und wir fühlten alle, warum es so reich gewesen war: weil Liebe und Vertrauen zu seinem Gott es erfüllt hatten bis in alle Tiefen und weil die Liebe zu seinen Nebenmenschen es durchleuchtete und vergoldete. Dann mahnte er uns, an dem einen festzuhalten, der »seines Fußes Leuchte und ein Licht auf allen seinen Wegen« gewesen war.

Nichts von Altersschwäche, nichts von Müdigkeit lag auf ihm. Mit starker, begeisterter Stimme sprach er, und dann sangen wir noch einmal das Festlied des Hauses: »Lobe den Herren, o meine Seele ...«

Die Gäste reisten ab, ich blieb allein zurück. Onkel wollte mich nicht fortlassen, immer wieder bat er noch um einen Tag. »Es ist das letzte Mal!«

Und dann musste ich doch Abschied nehmen, um ihn auf Erden nie wieder zu sehen. Wenn ich an die letzten Zeiten unseres Zusammenseins denke, dann sehe ich ihn unterm Ahorn stehen, mit dem Goldpokal in den erhobenen Händen, mit dem Licht in den Augen, den Abendschein auf dem schönen alten Haupt; ich höre seinen Dank, den er Gott für sein Leben sagt, und höre seine ernsten Mahnworte an uns, Gottes Hand nie loszulassen, und dann weiß ich, dass von allen Reichtümern meines Lebens die Liebe dieses frommen Mannes, der Segen dieses Lebens, doch mein größter Reichtum gewesen ist. Im November hatte er, ohne jeden Todeskampf, hinübergehen dürfen, er hatte den Tod nicht geschaut. Müde hatte er sich ein wenig auf sein Bett gelegt, war eingeschlafen, und im Schlaf war er heimgegangen. Mit der Hand an der Wange, friedlich wie ein Kind eingeschlummert, fand ihn Jenny, als sie nach ihm sah.

In der Karte, die er mir nur wenige Tage vor seinem Tod geschrieben hatte, sagte er: »Heute ist mir der Kopf ganz dumm, und ich besorge meine Post nur mit Mühe, verliere Brille und Tintenfass und das Datum. Ach, wie hast du an deinen Jahren einen Schatz, und wie viel Plus kannst du noch verzeichnen! Frisch auf, mein liebes Herz, und singe dir im Freien das eine und das andere Lied. Gott hat dich zum Vertrauen und Mut geschaffen, lebe wohl und munter. Dein Vater Hesse.«

Das waren seine letzten Worte an mich auf Erden.

Eins hält mein Herz fest mit ganzer Kraft: Wenn ich einmal heimgehen darf, dann weiß ich, dass ich ihm begegnen werde, der meine Hand ergreifen und mich vor meines Heilands Thron führen wird, als eine Seele, die er mit nimmermüder Geduld und Liebe für die Ewigkeit geworben.

Ein Jahr nach seinem Tod lebte Jenny noch im Elternhaus, dann musste sie es verkaufen und Weißenstein verlassen. Das Haus, ohne das man sie sich nicht denken konnte, ging in fremde Hände über.
Sie ist dann in der Welt umhergewandert, jeder von uns streckte die Arme nach ihr aus. Jeder von uns wollte ihr in seinem Haus eine Heimat bieten. Sie war bald hier, bald da, Wurzeln hat sie nirgends schlagen können. Sie gehörte nun einmal in das alte Haus, in den alten Garten; eine Heimat hat sie auf Erden nicht mehr gefunden.
Oft kam eine fast krankhafte Schwermut über sie, die sie taub und blind machte gegen die Liebe, die man ihr so gern geboten hätte, mit der man sie umgeben wollte; sie, die so viel Liebe in ihrem Leben gegeben, darbte! Gott weiß es, wann sie zur Ruhe kommen wird. Dann aber wird es eine köstliche Ruhe sein, aus der nichts mehr sie vertreiben wird. Nach dieser Heimat sehnt sie sich, auf diese Heimat wartet sie, und einstmals wird sie dort einziehen können, wo das Heimweh schweigen wird – in die Heimat für Heimatlose!

20

Ehe das liebe alte Haus für immer in fremde Hände überging, sollte der letzte Sommer uns dort noch einmal vereinigen. Hermann mit seiner Frau und sieben Kindern, Gustav mit den Seinen und ich mit Tante Fritzchen, unserer alten Ehrendame aus fröhlicher Jugendzeit, wurden erwartet.
Zum letzten Mal bestieg ich den wohl bekannten Postwagen und fuhr die alten Wege von der Bahnstation zum Städtchen.
Was einem da alles durchs Herz geht, wer vermag es in Worte zu fassen! Die öde Landstraße wird lebendig, und um die alten Stationsgebäude lebt es von tausend

frohen Erinnerungen und verklärt sie. Hier, mitten auf der Landstraße, in dem hellen Sonnenschein, hatten wir bei einem Kruge, wo die Pferde Rast hielten, unser wackliges Tischchen gerückt; dort tranken wir einst unseren Kaffee, unter Lerchenjubel und Heu- und Kamillenduft. Es war, als läge noch etwas von unserem Lachen, von unseren Liedern auf allen Wegen, als zöge unsere Jugend mir entgegen auf der einsamen Straße, durch deren Stille nur das eintönige Läuten unserer Postglocken klang.

Es war ganz dunkel, als ich frühmorgens in die Stadt kam. Fern am Horizont stand ein roter Schein von einem fernen Waldbrand. Wir fuhren durch die lautlose Stadt an den bekannten Häusern vorüber. Alles schlief noch. Viele von denen, die wir gekannt, ruhten drüben auf dem Kirchhof. Wir hielten an der Hofpforte, Jenny erwartete uns, sonst lag noch alles im Haus im tiefen Schlaf. Dunkle Schatten lagerten in den Räumen, durch die wir leise hinauf in ein Zimmer gingen. Lange stand ich oben am Fenster und sah hinaus, bis das Morgenrot kam. Dass das Abschiednehmen so schwer sein würde, hatte ich doch nicht gedacht. Klappen der Tür, leidenschaftliches Murmeln von Kinderstimmen auf der Treppe weckte mich. Kleine Füße trippelten herauf, bald stand die ganze neugierige Kinderschar vor meinem Bett. Als ich sie anredete, erschraken sie, wurden verlegen und entflohen eilig, um dann den Eltern ganz enttäuscht zu verkünden: »Ach, die Tante ist ja eine ganz alte Frau!«

Als ich dann zum Kaffee im Speisezimmer erschien, blieb ich in der Tür stehen, bewegt von dem Bild, das sich meinen Blicken bot.

Es war das alte vertraute Zimmer; noch immer an den Wänden Leonardo da Vincis Abendmahl und Kaiser Nicolai mit seiner Gemahlin. Der Tisch war so weit gestreckt wie in alter Zeit; obenan saß Hermann und Gustav mit ihren Frauen und herum acht Kinder, alle

gesund, lebendig, mit blanken Augen in die Welt schauend. Da waren wieder ein kleiner Hermann, ein kleiner Georg, Berthold, Willi, Hilde Lischen, Hans und die kleine blondlockige Hedwig, Gustavs Töchterchen, und alles schrie, lachte, fragte und wollte erzählen.
Und über mich kam plötzlich wie eine Erkenntnis: die Gegenwart gehört der Jugend. Wir mit dem Licht und Schatten unserer Erinnerungen müssen beiseite treten und der Jugend ihr Recht lassen. Der Jugend gehört der Tag, die Gegenwart; wir haben unser Teil am Leben, unsere »leuchtenden Tage« gehabt.

> *»Nicht weinen, weil sie vorüber,*
> *Lächeln, weil sie gewesen ...«*

Und so ging der Schmerz in mir zur Ruh; ich ließ der Gegenwart Helligkeit und Freude tief in mein Herz scheinen. Mit festen kleinen Händen griffen die Kinder nach ihrem Recht. Es war ein sprudelndes, fortreißendes Leben in ihnen; sie schleppten mich in den Garten, mir all ihre Herrlichkeiten zu zeigen, alles sprach durcheinander, stürmisch betäubend; es war mir, als spräche jedes Kind mit doppelter Zunge, griffe mit mindestens vier Armen nach mir.
Es gab auch überwältigend herrliche Sachen im Garten: Hütten und Gruben, Löcher und Verstecke. O weh! Hätte Onkel Hermann die Verwüstungen in seinem sorgfältig gepflegten Garten sehen können, was hätte er dazu gesagt! Die Hütte mitten im Kartoffelacker, Löcher in den Erbsenbeeten, ein Festungswall bei den Himbeersträuchern, auf der Wiese Rasensitze. Aber die Eltern wollten, dass der letzte Sommer »in Großvaters Garten« den Kindern gehören sollte, als herrliche letzte Erinnerung! Und so war es denn auch.
Das gab wieder ein Leben in dem alten Haus, wie die verlassenen Räume, wie der Garten es lange nicht mehr

erlebt. Jauchzende Kinderstimmen erfüllten die Zimmer, den Garten, Kinderfüße schleppten erbarmungslos Erde und Staub auf die weißen Holzdielen, und die Freude wollte kein Ende nehmen, wenn wir Alten an ihren Spielen teilnahmen. Wieder lebten die alten Spiele unserer Jugend auf: »Räuber und Wanderer«, »Trivater«, »Letztes Paar heraus«.
Wir versteckten uns hinter denselben Büschen und Bäumen, hinter denen wir uns als Kinder versteckt, und der Trivater wurde, wie die Tradition es erforderte, am Ahornbaum mitten im Garten angeschlagen.
Dann kamen wieder ruhige Stunden, wo ich auf der Veranda saß, in den lieben Garten hinausblickend, und das Auge auf Blumen und dunklen Baumwipfeln ruhen ließ.
Ich horchte auf das Schwirren der Schwalben hoch oben in der klaren Luft, auf das Schlagen der Kirchenuhr, das so seltsam fern und traumhaft klang – aufs Fallen der reifen Äpfel ins Gras und auf die fröhlichen Kinderstimmen, die aus der Tiefe des Gartens klangen. Und die Jahre schwanden ...
»Hermann! Georg!« rief eine Stimme im Garten. Träumte ich denn? Würde nicht jeden Augenblick Tante Adele auf der Schwelle der Verandatür erscheinen und mich fragen: »Kind, warum bist du so allein? Waren die Jungen unartig, da du nicht mit ihnen spielst?«
Abends, wenn es dämmrig war und die Lampe im Saal angezündet wurde, dann gab es ein Plauderstündchen mit den Kindern auf dem großen Eckdiwan. All die Kleinen saßen um mich gedrängt.
»Nun erzähl! Von allem, wie du klein warst und aus der Bodenluke sprangst, und wie Pappi ein kleiner Junge war. Wie du Onkel Georgs Vögel losließest, und wie Großpapa war und Großmama!«
Und ich erzählte: Abend für Abend stieg die Vergangenheit aus ihrem Grab, mit all ihrer Lust und Freude.

Die Kinder jubelten bei den frohen Bildern und begriffen es gar nicht, warum meine Stimme oftmals ganz leise wurde, als könnte sie nicht weitersprechen.

Abends, wenn die Kinder in ihren Betten lagen, musste ich immer noch einmal zu ihnen hinein. Ich öffnete sacht die Tür; es war Georgs Zimmer, in dem all die kleinen Betten standen. Dort an der Wand war früher Georgs Krankenlager, darüber hing das Bild des übereifrigen, unverzagten Jüngers, der sich im Versinken im Wellensturm an des Heilands Hand klammert. Darunter war von Georgs Hand ein Schmetterling mit ausgespannten Flügeln gezeichnet. Jetzt stand Hänschens, des Jüngsten, Bettchen unter dem Bild.

»Ach, komm zu mir! Nein, zu mir!« rief es von allen Seiten, und: »Bitte erzähl noch etwas! Aber etwas Lustiges!«

Ach nein, hier konnte ich nichts erzählen, hier lebte noch zu stark der Jammer, hier sprach noch alles vom heißen Kampf, von den Schmerzen, die diese Wände geschaut, hier griff noch alles zu heftig nach meinem Herzen. »Nein, Kinder, ihr müsst schlafen«, sage ich und gehe zum Gutenachtkuss von einem Bettchen zum andern.

Nun sind sie still. Ich trete noch einen Augenblick ans Fenster und blicke hinaus ins Abendrot. Ein kleiner Vers fällt mir ein, den ich einmal las:

*»Das Abendrot bedeutet Scheiden
Und Herzensnot und tiefes Weh!«*

Dann gehe ich leise aus dem Zimmer und werfe noch einen Blick auf die Kinder. Nun ruhen sie alle in ihren Kissen, die hellen und die dunklen Köpfchen; Gott schütze euch vor Herzensnot und tiefem Weh!

Auch ein Konzert gab es in dieser Zeit. Es sollte für die Armen sein, die Onkel so sehr geliebt.

Kopf an Kopf war der Konzertsaal gefüllt; Hermann saß am Flügel als mein treuer Begleiter. Und ich sang alle meine alten Lieder: Frauenliebe und -leben und Schön-Rotraut und noch viele andere. Der Beifall wollte kein Ende finden, immer wieder wurde ich aufs Podium gerufen, immer sollte ich noch etwas singen.
»Nun ein Schlusslied«, bat Hermann. »Sing: ›Aus der Jugendzeit‹.«
»Das kann ich nicht«, erwiderte ich gepresst.
»Du kannst es!« sagte Hermann in seiner ruhigen, zwingenden Art.
Ja, ich konnte es, und ich sang. Nachher entstand eine große Stille und dann ein Sturm im Saal.
Am anderen Tag gab ich einen großen Kaffee im Armenhaus, mit frischem Weißbrot, vom Konzertertrag, und Jenny ging mit dem Rest der Einnahme spendend in manches Haus, dessen heimliche Not sie kannte wie niemand sonst im Städtchen.
Und dann kam der Tag der Abreise für Hermann und seine Familie: es galt Abschied zu nehmen. Große Kisten standen im Hof, denn ein Teil der Möbel wurde verpackt, um in Hermanns Haus gebracht zu werden. Die Kinder trieben sich beglückt zwischen Stroh und Kisten umher; wir Erwachsene standen stumm dabei, als eine Sache nach der anderen aus dem Haus getragen wurde. Wie seltsam ist doch der Mensch, dass er einem alten Stuhl nachtrauern kann, wenn er seine liebsten Menschen hat fortgeben müssen!
Endlich war alles gepackt, der Reisewagen stand vor der Tür, die Kinder winkten aus den Wagenfenstern. Die Kutsche rollte davon, wir waren allein.
Die nächsten, die nun fortfahren mussten, waren Tante Fritzchen und ich. Dann schlossen Jenny und ihre Nichte das Haus und übergaben die Schlüssel dem neuen Besitzer und verließen das Städtchen.
Aber noch blieben uns wenige gemeinsame Tage.

Wir fassten uns an den Händen und gingen durchs Haus, das noch die Spuren der Kinder trug, die es mit so viel Leben erfüllt hatten. Und noch einmal kam der Geist der geliebten Toten über uns: nicht trauern, sondern froh und dankbar sein!

Wir räumten überall auf, aus allen Zimmern brachten wir die noch vorhandenen Möbel zusammen, um dem Saal ein wohnliches Aussehen zu geben. Aus dem Garten trug ich Sträuße von Blumen und Herbstlaub herein und schmückte das Zimmer; die Öfen wurden geheizt, die Fußböden blendend weiß gescheuert. Draußen regnete und stürmte es herbstlich, wir aber saßen beieinander. Der Vormittag fand uns meist an Tante Adeles altem Fensterplatz am Nähtisch. In den Öfen prasselte das Holzfeuer. Leise, leise fielen die Tropfen aufs Straßenpflaster, und das eintönige Geräusch ihres Fallens erweckte eine Stimmung, dass man wie eingelullt war in die Träume, die man in der Kindheit träumte.

Weitab lag das Leben, lag die Wirklichkeit, nur die Vergangenheit war da, schritt leisen Fußes durch die Räume, setzte sich zu uns und machte unsere Herzen friedlich und getrost.

Erlaubte das Wetter es am Nachmittag, so deckten wir unseren Kaffeetisch im Garten unterm Ahornbaum, oder wir gingen auf den Kirchhof und saßen dort bei unseren lieben Gräbern – welch eine lange Reihe war es nun geworden! Wir schmückten die Hügel mit dem Schönsten, was unser Garten bot, aber auf Georgs Grab lag immer ein Strauß großer blauer Glockenblumen aus Müntenhof, die er so sehr geliebt.

Kamen wir heim, so brannte die Lampe schon auf dem runden Tisch im Saal. Ich setzte mich auf den alten Eckdiwan, horchte auf die Stimmen, die aus der Küche zu mir herüberdrangen, aufs Knacken des brennenden Holzes im Ofen, aufs Klappern der Teller, die die Magd Lena auf den Speisetisch zum Abendbrot

stellte. Wie behaglich und vertraut das alles klang! Wie hell und freundlich der Schein der Lampe auf all den vielen gebrauchten Sachen des Zimmers lag! Sollte das nach wenigen Tagen für immer zu Ende sein? Wie sie alle das Zimmer belebten, die Gestalten, die hier froh gewesen, die hier gelitten und geweint hatten und die nun alle zu ihrem Frieden hatten einziehen dürfen oder weit in der Welt verstreut waren. Und dann kam der Abschied vom Wald, von den Steinbrüchen. Es war ein verhangener, herbstlicher Tag, als wir hinauswanderten. Bei der Kanzel wurde Halt gemacht; das war die einzige Stätte, die unverändert geblieben war. Eingestürzt war unsere Höhle, zerstört »die Wiege«, entwurzelt die Linde und verschwunden der Rosenstrauch.
Die Sonne war herausgekommen, der Wald war voller Licht, golden lag die Herbstsonne auf dem Waldboden; durch die Luft zogen glänzend silberne Herbstfäden. Wir pflückten die großen blauen Glockenblumen und weiße Maßliebchen, die auf langen Stängeln geheimnisvoll zwischen den Steinen blühten. Wir ruhten im Moos, aßen unser mitgebrachtes Vesperbrot, sprachen von alten Zeiten, schwiegen – und über uns lag es wie ein Zauber. Der Wald wurde lebendig, die Vergangenheit füllte ihn mit Sonnenschein und lieben Gesichtern, mit Jubel, Lachen und Liedern.
Schließlich mussten wir an die Heimkehr denken, denn es dämmerte schon. »Nun geh noch einmal auf die Kanzel«, sagte Jenny, »und singe!«
Und ich saß oben, in meinem Schoß lagen die blauen Glockenblumen und weiße Maßliebchen, vor mir der Wald im Dämmerlicht. Durch den Wald ging ein Schauern, wie von Sterben und Vergehen, und ich sang und sang. Über die dunklen Wipfel hin zog mein Singen, und mir war's, als sähe ich unter den Bäumen die Gesichter derer, die hier so gern meinen Liedern gelauscht.

»Nun zum Abschied das Heimatlied«, bat Jenny, und ich begann:

> »*O Heimatland, du liebes Land,*
> *Wie keiner je ein liebres fand ...*«

Aber da brach meine Stimme schluchzend ab. Schweigend stieg ich zu den anderen hinab, und dann gingen wir schweigend heim.
Und nun kam der letzte Tag.
Es war Abend geworden. Jenny und ich fuhren noch einmal auf den Kirchhof. Es war eine trübe Fahrt, stürmisch und kalt; Traurigkeit erfüllte die Welt.
Wir standen vor unseren Gräbern, ich hatte die letzten Glockblumen auf Georgs Grab gelegt. »Schlaft ruhig, ihr Lieben, bis wir uns wieder sehen!«
Da brach der Mond durch die Wolkenwand, hell schien er auf Onkels Kreuz, ich beugte mich vor und las die Inschrift: »Ich glaube an eine Vergebung der Sünden, Auferstehung des Fleisches und ein ewiges Leben. Amen.« Darunter: Dr. Hesse.
Laut sprach Jenny den hundertdritten Psalm. Die tapfere Stimme klang über die Gräber hin, durch das Brausen des Herbststurmes.
Dann fuhren wir heim.
Früh am andern Morgen warteten die Postpferde vor der Tür. Wir gingen durch den Garten, funkelnde Sonne lag über den Beeten, Sträuchern und Bäumen. Dann noch ein Gang durch alle Räume des Hauses, noch einmal standen wir beisammen auf der Steintreppe. Endlich stiegen wir in den Postwagen, die Pferde zogen an, die Postglocken läuteten; so fuhren wir über den Marktplatz.
An der Ecke, von der aus man das Haus noch einmal sehen konnte, wandte ich mich um. So sah ich es zum letzten Mal in meinem Leben, klein, schief, mit seinem verblichenen gelben Anstrich. Aber wie groß und stark

war die Liebe, die diese Räume umschlossen! Eine Liebe, so stark, dass ihre Ströme in weiteste Ferne gereicht, so groß, dass sie vieler Leben licht und reich gemacht hatte.
Glücklich ein jeder, in dessen Leben ein Strahl dieser Liebe hineingeleuchtet, und glücklich vor allem ich, die ich diese Liebe empfangen hatte, schon von meinen frühen Jugendtagen an!
Meine Tränen versiegten. Mir war, als sähe ich über dem Haus ein Wort, in goldenen Lettern in den blauen Himmel geschrieben, und dieses Wort hieß:

>»*Lobe den Herren, o meine Seele!*
>*Ich will Ihn loben bis in den Tod!*«